I0804413

FORM
FOLLOWS
LOVE

FORM FOLLOWS LOVE

UNE INTUITION CONSTRUITE DU BANGLADESH À L'EUROPE ET AU-DELÀ

Anna Heringer
Dominique Gauzin-Müller

Traduit de l'original en anglais par
Dominique Gauzin-Müller

Birkhäuser
Basel

D'Anna pour Stefan et Mirjam,
avec sa gratitude pour leur amour et leur soutien.

De Dominique pour sa petite-fille Livia,
en lui souhaitant une vie pleine d'amour et d'aventures.

« L'architecture doit apporter du sens aux gens et contribuer à la santé de la planète et à la justice sociale. C'est ce que j'essaie de faire avec mon travail. » Anna Heringer

Cette citation résume également l'essence de l'OBEL AWARD qu'Anna a remporté en 2020. Nous souhaitons donc mettre en valeur et célébrer l'engagement inébranlable d'Anna en faveur de l'enrichissement et de la prise d'autonomie des populations défavorisées, ainsi que ses encouragements à la création d'une architecture éthique et écologique. Le OBEL AWARD est fier d'avoir contribué au succès d'Anna et à la diffusion de son message à travers cet ouvrage et sa suite à venir.

J'espère que vous trouverez ce livre inspirant. Moi oui !

Jesper Eis Eriksen, directeur exécutif
OBEL AWARD et Fondation Henrik Frode Obel

—— D'une manière générale, j'ai le sentiment d'être plutôt dans la moyenne. À l'école, je n'étais pas surdouée, mais je n'étais pas non plus mauvaise élève. J'avais des talents musicaux, mais je n'étais pas un prodige. Pendant mes études, j'avais de bonnes notes, mais je n'étais pas brillante. Je n'ai pas grandi dans la pauvreté selon les normes européennes, mais je n'ai pas eu l'impression de faire partie de la société de consommation. En revanche, en ce qui concerne ma taille, je ne peux pas dire que je suis dans la moyenne. Je suis petite, mais sans complexe : je ne me sens pas moins puissante pour autant. Et c'est ce qui fait toute la différence !

Je n'ai jamais pensé : « Cela ne fait pas sens ! », ni « ça ne marchera jamais ! », ni « de toute façon, que peut faire une seule personne ? » Toute ma vie, j'ai été fermement convaincue que je pouvais changer le monde et que les autres pouvaient le faire aussi. Cette certitude, je la dois à mes parents, à ma famille, aux amis avec lesquels j'ai grandi, à mes enseignants ainsi qu'aux nombreuses personnes qui ont croisé mon chemin depuis.

Une seule grande décision ne change pas le monde. Le monde change grâce aux petites décisions que nous prenons chaque jour, consciemment ou inconsciemment.

Cet ouvrage décrit ces décisions et ce qui fait grandir la confiance en soi. Il raconte comment on peut assumer ses responsabilités et apprendre à suivre son intuition. Il montre comment on surmonte ses échecs et comment on apprend de ses expériences. Et bien sûr, il parle d'architecture ! Il retrace le pouvoir inhérent au choix des matériaux et au processus de construction. Mais surtout, il met en valeur l'incroyable puissance de la beauté et de l'amour.

Ce livre n'est pas l'histoire d'une jeune femme qui se rend dans un pays en voie de développement pour enseigner l'architecture aux habitants de villages pauvres. C'est l'histoire d'un apprentissage commun, main dans la main. Une histoire qui soulève plusieurs questions : Que pouvons-nous apprendre des autres cultures pour trouver le bonheur dans la frugalité, l'autonomie et la résilience ? Que pouvons-nous apprendre des habitants des pays du Sud global pour assurer à tous un avenir sur cette planète ?

Chaque être humain naît avec des talents uniques et singuliers. Les découvrir, les développer et en faire usage pour son propre bonheur et pour celui des autres, voilà pour moi une vie épanouissante.

Anna Heringer

PREMIÈRES INSPIRATIONS

LES INFLUENCES FAMILIALES
ÉCOLOGIE, EMPATHIE ET ARTISANAT

——— Quand j'étais jeune, nous recevions souvent des invités pour le déjeuner, et mes parents ne faisaient jamais de différence entre un professeur et un réfugié. Notre jardin était situé sur un ancien cimetière. Au cours du repas, mon père expliquait fièrement que nous avions produit la nourriture nous-mêmes, avant d'évoquer le cycle de la vie : nous venons de la terre et nous y retournerons un jour. L'enfant que j'étais adorait observer les visages perplexes des invités laissant leur fourchette en suspens lorsqu'ils apprenaient d'où venait l'humus. Mon père espère qu'un jour il deviendra un arbre …

Mon intérêt pour l'architecture et mon attachement à la nature et à l'écologie me viennent de mon père, un écologue allemand renommé. Paysagiste de formation, il a aussi une grande sensibilité esthétique. L'art n'était pas exposé sur les murs de notre maison, mais mon père mettait de la beauté dans tout ce qu'il faisait. Au petit-déjeuner, les carottes devenaient des crocodiles ; framboises, groseilles et myrtilles étaient disposées pour former des mandalas colorés. J'ai ainsi grandi avec une sorte d'« esthétique du quotidien ». Mon père m'a aussi appris à tisser des liens entre l'art, l'écologie, le bon sens et même la spiritualité. Il m'a enseigné à ne pas me concentrer uniquement sur les aspects environnementaux, mais à prendre également en compte la culture et le lien profond entre les deux. Mon père milite depuis des décennies en faveur de l'écologie. Au début des années 1970, lors d'une discussion publique à laquelle il assistait avec ma mère, il a proposé d'utiliser l'énergie solaire au lieu de l'énergie nucléaire. Son commentaire a fait rire toute l'assemblée : « Hé, nous ne vivons pas dans le Sahara ! » Ma mère m'a avoué des années plus tard qu'elle avait été tellement gênée par cette réaction qu'elle s'était demandé si elle devait vraiment se marier avec cet homme-là. Heureusement, elle l'a fait !

Ma mère est enseignante et kinésiologue. Elle m'a appris l'empathie et l'humanisme : prendre soin des autres, rechercher l'harmonie, faciliter les relations entre les personnes. Elle m'a initiée au pouvoir de la pensée et à son impact sur nos actions, nos interactions et la vie elle-même. Elle m'a enseigné l'importance des mouvements du corps, et comment ils peuvent déclencher un flux créatif. Elle m'a également montré comment accéder à mon intuition et l'utiliser comme un outil pour prendre des décisions. Tout cela m'a inspirée quand j'ai développé le processus de conception par claystorming ①.

① Cette méthode de conception intuitive et participative est décrite → page 76.

Dans mon enfance, initiée et encouragée par ma mère, je passais la plupart de mon temps libre à faire de la musique. C'est grâce à un cours d'arts du spectacle à l'école que j'ai commencé à m'intéresser aux beaux-arts. Je faisais de jolis dessins et peintures, mais ce n'est qu'à l'âge de seize ans que j'ai pu m'exprimer de manière vraiment artistique, ce que je n'avais fait jusque-là que par le biais de la musique. À cette époque, j'ai beaucoup appris sur l'artisanat, en particulier sur les textiles, et cela m'a passionnée. Je me souviens du sentiment de créativité méditative que je ressentais lorsque je faisais de la broderie avec ma grand-mère. Je retrouve la même sensation lorsque je suis avec les femmes de Dipdii Textiles ②, qui réalisent sur leurs coussins de fins travaux d'aiguille.

② Ce projet de coopération germano-bangladais entre des stylistes et des couturières est décrit → page 61.

J'ai grandi à Laufen, une petite ville de Bavière chargée d'histoire, à la frontière entre l'Allemagne et l'Autriche. Nous partagions avec plusieurs familles une maison vieille de cinq siècles, avec des murs en pierre d'un mètre d'épaisseur, où mes parents vivent encore. Elle est entourée d'un magnifique jardin partagé rempli de fleurs et de légumes. D'un côté, elle donne sur la rivière Salzach et sa forêt alluviale ; de l'autre, elle fait face à l'ensemble historique très harmonieux formé par la collégiale de Laufen et son cloître. Mon terrain de jeu était donc constitué à la fois de voûtes gothiques et de denses frondaisons, et mon animal de compagnie préféré était un lion en pierre de l'époque romane. J'ai tant apprécié mon enfance dans ces lieux extraordinaires qu'après la naissance de notre fille Mirjam, mon mari Stefan et moi avons décidé de retourner à Laufen, où nous avons tous deux grandi.

Lorsque mes parents étaient jeunes, les ressources étaient très limitées pour la plupart des gens. Après la Seconde Guerre mondiale, la nourriture, les vêtements et les chaussures étaient rares. Mon père m'a raconté qu'il lui arrivait de se tenir debout dans de la bouse de vache fraîche pour réchauffer ses pieds nus. Des tickets de rationnement

1

2

étaient nécessaires pour se procurer les denrées de base. Une histoire est profondément gravée dans la mémoire collective de notre famille. Un jour, ma grand-mère est rentrée à la maison avec seulement la moitié d'un pain. Elle avait rencontré une femme russe, prisonnière de guerre, qui n'avait absolument rien à manger, et elle avait partagé son pain avec elle. Quelques heures plus tard, un voisin a frappé à la porte. Il est entré en disant : « Madame Heringer, vous avez quatre enfants et je n'en ai qu'un. J'ai assez à manger parce que ma fille travaille au mess des officiers et qu'elle y reçoit des restes de nourriture. Je n'ai pas besoin de tickets pour le pain, je vous offre les miens. » Pour mon père, c'était une sorte de miracle : lorsque vous partagez, la vie prend soin de vous en retour.

Mon attitude positive, même dans les moments délicats, est profondément enracinée dans cette histoire familiale. L'autosuffisance, la résilience et le partage sont pour nous des valeurs fondamentales. Nous sommes convaincus que si nous faisons ce que notre cœur nous dicte, nous en recueillerons les fruits, parfois de manière inattendue. J'en fais souvent l'expérience dans ma vie professionnelle. La pandémie de Covid-19 en 2020 et 2021 a été une période très difficile pour mon agence d'architecture. Une grande partie de nos missions sont réalisées à titre bénévole, et ces projets sociaux sont principalement financés par les honoraires que je reçois pour les conférences que je donne dans le monde entier. Mais que faire lorsque, tout d'un coup, presque toutes ces interventions sont annulées ? C'est alors que j'ai eu la chance inouïe de recevoir l'OBEL AWARD, qui est très généreusement doté. Lorsque j'ai appris la nouvelle, j'ai littéralement dansé de joie dans mon studio, complètement stupéfaite et pleinement heureuse.

Mes parents ont également appliqué leur volonté d'autosuffisance aux vêtements, ce qui ne m'a pas toujours rendue heureuse. J'ai acheté ma toute première paire de jeans à l'âge de quinze ans, et elle me va encore aujourd'hui. Je savais que je n'aurais pas de nouveau pantalon avant un certain temps, et je voulais être sûre de pouvoir le porter longtemps. Mes parents auraient eu assez d'argent pour m'en acheter d'autres, mais ils ne voulaient pas suivre le diktat de la société de consommation – ce que je comprends aujourd'hui, bien des années plus tard. Ma mère cousait la plupart de mes habits. Je recevais aussi des vêtements d'occasion, que je détestais, car on me donnait toujours les plus anciens, qui n'étaient pas du tout à la mode. Aujourd'hui, j'adore porter des vêtements de seconde main, pour de nombreuses raisons. Mais à

1 Ma ville natale de Laufen, en Bavière, se trouve sur les rives de la rivière Salzach, à l'endroit où elle s'incurve pour former un méandre. J'ai grandi à droite de l'église.
2 Enfant, je jouais souvent autour de l'église de Laufen (sur cette photo prise en 1980, je me tiens au milieu).

l'époque, j'avais l'impression d'être la sœur de Heidi et du petit chaperon rouge. Pour être plus élégante, j'ai donc commencé à transformer mes vêtements de manière créative. Je pense que ce sont ces expériences qui m'ont menée, bien des années plus tard, au projet Dipdii Textiles.

3

L'activisme fait également partie de notre vie quotidienne. C'était vrai pendant mon enfance, et ça l'est encore aujourd'hui. Ma famille n'a jamais été simplement « gentille ». La situation était souvent inconfortable parce que nous sortions des sentiers battus, mais elle était toujours intéressante, et jamais ennuyeuse ! Mes parents n'ont cependant jamais milité pour le plaisir de la provocation. Ils étaient toujours portés par des convictions sociales et écologiques. Ils m'ont appris à ne pas suivre aveuglément les règles, et à toujours faire preuve d'esprit critique. Mon père dit souvent : « *Qualifiziert bei rot über die Ampel !* »③ Selon lui, on peut ne pas respecter un feu rouge si on a mûrement calculé le risque... et aussi accepter de recevoir une amende pour un acte « à peine légal », si on pense avoir pris la bonne décision.

③ « brûler un feu rouge en conscience! » [note de la traductrice]

Notre famille compte aussi plusieurs artisans. Mon grand-père, Josef Heringer, était un incroyable charpentier. Actif de Capri à la Finlande, il a construit, entre autres, les dômes en bois de la tour d'observation du soleil à Wendelstein, en Allemagne. Quand les architectes avec lesquels il travaillait lui demandaient ses dessins et ses calculs, mon grand-père leur répondait : « Je n'en ai pas besoin ! Je me fie à mon intuition, et la construction sera solide. » Quand j'ai commencé à étudier l'architecture, il aimait me raconter cette histoire, un grand sourire aux lèvres. La plupart des dômes qu'il a construits sont encore debout aujourd'hui.

Ma compréhension des matériaux naturels et mon intérêt pour l'artisanat sont définitivement ancrés dans notre histoire familiale. Mon cousin Emmanuel Heringer, qui est charpentier et vannier, a reçu de nombreux prix pour son travail. Nous avons collaboré à la construction de l'école METI④ et plus récemment à celle du centre de cure ayurvédique RoSana⑤. J'admire beaucoup ses talents de concepteur et d'artisan. •

④ Ce premier bâtiment, que j'ai réalisé, en 2005, dans le village de Rudrapur, au Bangladesh, est décrit → page 35.

⑤ Ce centre de cure ayurvédique situé à Rosenheim, en Allemagne, est décrit → page 112.

3 Mon grand-père près d'un de « ses » dômes de l'observatoire de Hoher List dans la région de l'Eifel (Rhénanie-Palatinat), construit entre 1950 et 1954.

LEÇONS DE FRUGALITÉ
CAMPS D'ÉTÉ EN PLEINE NATURE

——— J'ai été scout pendant de nombreuses années, et cette expérience a façonné ma personnalité. Soyons clairs : nous n'étions pas le genre de scouts qui vendent des biscuits ! La plupart de nos activités étaient axées sur l'environnement : planter des arbres, ramasser les déchets sur les berges des rivières, tracer des sentiers dans les réserves naturelles, etc. Nous étions également un groupe très créatif, jouant de la musique et faisant du théâtre. Nous avons aussi participé à de nombreux projets humanitaires, par exemple en collectant de l'argent pour des enfants en Colombie ou en sensibilisant le public au commerce équitable. Mais pour moi, le scoutisme, c'était avant tout les camps d'été.

Il n'y a rien de plus instructif que de passer chaque été deux semaines dans les bois à imaginer différents types d'infrastructures et à fabriquer soi-même tout ce dont on a besoin. Les camps scouts furent mes premières leçons d'architecture et d'urbanisme. J'y ai appris à choisir le meilleur endroit pour s'asseoir ensemble autour du feu et à installer les tentes dans des espaces plus privatifs. J'ai compris comment déterminer l'emplacement de la cuisine et des zones pour la vaisselle et la toilette, en évitant que la nourriture qu'on met à rafraîchir dans la même rivière soit contaminée. J'ai également appris l'importance des constructions emblématiques, comme les portes et les tours, pour favoriser la prise d'autonomie et créer un sentiment d'identité partagée.

Nous installions toujours nos campements à proximité d'une forêt, dans laquelle un agriculteur nous permettait de couper quelques sapins. En contrepartie, afin d'avoir un impact positif sur cet endroit, nous faisions pendant trois jours des travaux d'aménagement : élagage, plantation d'arbres, suppression de plantes envahissantes, etc. L'objectif était de ne laisser que de bons souvenirs après notre départ. Nous avons donc toujours vérifié le site à deux reprises, afin de nous assurer qu'aucun déchet ne restait sur place et que rien ne pouvait nuire à la nature.

C'est aussi lors des séjours avec les scouts que j'ai fait l'expérience du pouvoir de l'architecture et du processus de construction. Ce que je considère comme ma première œuvre architecturale était une porte qui marquait l'entrée du camp. Je suis toujours très fière de cette structure hyperbolique très savante. Sa construction était toutefois un peu hasardeuse… et une nuit, elle s'est effondrée. Mais elle est tombée d'une manière très élégante, comme un éventail. Quelques années auparavant, alors que j'avais huit ou neuf ans, nous avions érigé une tour de six mètres de haut. Nous avions d'abord fabriqué la structure sur le sol et fixé des cordes, puis tout le monde est venu nous aider à la soulever. Nous n'avions pas de muscles puissants, mais quarante personnes tirant ensemble sur deux cordes ont suffi à mettre la tour en place. À la fin, debout sur son sommet, j'avais l'impression d'être Supergirl. C'est ce qui m'a donné envie d'impliquer les enfants du village de Rudrapur dans le processus de construction de l'école METI : je voulais leur donner l'occasion de ressentir eux aussi le sentiment de puissance que donne l'apprentissage de l'autonomie.

Les techniques d'assemblage que j'ai apprises dans les camps scouts ont fortement influencé la conception du système structurel en bambou utilisé pour l'école METI. Pendant mes études d'architecture, on nous a enseigné comment construire en bois massif en utilisant des sections rectangulaires, ce qui conduit à des solutions spécifiques pour les assemblages. Mais comme nous avions toujours travaillé dans les camps avec des bois ronds, je savais aussi les lier avec des cordes. Bien que les troncs d'arbres soient plus épais que le bambou, le principe est sensiblement identique. À l'époque, la littérature sur la construction en bambou décrivait surtout des connecteurs métalliques avec des vis en acier et un remplissage en béton. Je voulais éviter ces solutions sophistiquées et je savais qu'il était possible de construire une haute tour avec des cordes. J'avais confiance en ces techniques que mon cousin Emmanuel Heringer, qui était également scout, a perfectionnées avec l'ingénieur allemand Christof Ziegert lorsqu'il a participé au projet de l'école METI.

Pendant les camps scouts, j'ai aussi appris à prendre des responsabilités et à sortir de ma zone de confort. Il a été extrêmement important pour moi de découvrir très jeune qu'on peut dormir dans la boue et utiliser des toilettes qui sont, pour être franche, dégoûtantes. Je n'aurais sinon pas eu le courage de séjourner dans un village reculé du Bangladesh, où les conditions de vie sont très rudimentaires. Je me souviens encore de ce que je pensais toujours avant de partir au camp : « C'est ma dernière douche chaude ! » et « Zut ! Pas de toilettes propres pendant les deux prochaines semaines ! » Il m'a toujours fallu quelques jours pour ne plus m'en préoccuper. L'endroit où je loge aujourd'hui lorsque je vais à Rudrapur est assez bien équipé, mais lorsque j'y suis venue pour la première fois à dix-neuf ans, pendant mon année de service civique, puis pendant la construction de l'école METI, j'ai partagé ma chambre avec plein de champignons et toutes sortes d'animaux. Les expériences de ma jeunesse avaient porté leurs fruits : je savais que je n'avais pas besoin de luxe pour être heureuse. Apprendre à sortir de sa zone de confort est un processus très enrichissant. Réaliser que je pouvais vivre avec un confort minimum m'a rendue plus libre.

J'ai également appris chez les scouts à collecter des fonds pour des projets humanitaires, ce qui m'a aidée à réunir l'argent dont j'avais besoin pour l'école METI. Une de mes traditions favorites est celle des *Sternsinger* ⑥ qui, déguisés en Rois mages, vont le 6 janvier de maison en maison et chantent des cantiques devant chaque porte afin de récolter des fonds pour une œuvre caritative. J'y ai participé pendant de très nombreuses années et j'ai convaincu le prêtre de Laufen et le groupe des *Sternsinger* de consacrer la somme recueillie en 2004 à la construction de l'école. Ils continuent depuis à soutenir les élèves en leur offrant la moitié de leur collecte annuelle. J'ai donc gagné mon premier budget de construction en chantant des cantiques avec mes amis. •

⑥ « chanteurs des étoiles » [NdT].

4 Ma première réalisation : un porche pour notre camp scout à Murnau am Staffelsee, en Bavière, construit en 2001 avec le clan des Écureuils.

DÉVELOPPEMENT ET ÉQUITÉ
SERVICE CIVIQUE AU BANGLADESH

5

——— Quand j'étais adolescente, j'ai travaillé dans l'une des boutiques du réseau du commerce équitable. Grâce aux contacts ainsi tissés, des invités du Sud global séjournaient parfois dans ma famille. Ces discussions passionnantes ont nourri ma curiosité pour le monde qui existait au-delà de Laufen. C'est ce qui m'a donné envie de découvrir un autre continent et d'observer la vie avec une autre perspective. Mais je ne voulais pas voyager en tant que touriste. Je voulais passer du temps dans un endroit où je pourrais plonger profondément dans une autre culture, en vivant au sein d'une communauté et en apprenant ce que ses habitants auraient envie de partager avec moi. Le bac en poche, j'ai donc cherché une organisation d'accueil qui ne soit pas gérée par des Européens, mais par une communauté locale. J'avais d'abord postulé pour un projet au Sénégal, mais les responsables de l'ONG allemande partenaire m'ont expliqué qu'ils n'avaient pas besoin de bénévoles à ce moment-là. C'est eux qui m'ont parlé de Dipshikha[7], une ONG dédiée au développement des régions les plus pauvres du nord du Bangladesh. Ils ont fait l'éloge du travail fantastique accompli par cette autre organisation partenaire et m'ont proposé d'y passer mon année de service civique.

Le Bangladesh n'était vraiment pas le pays de mes rêves. J'avais entendu plusieurs histoires sur l'extrême pauvreté qui y règne, et j'avais vu des images des inondations qui y sévissent. Je pensais que ce serait un environnement beaucoup trop rude pour moi, et j'avais peur de ne pas être capable d'y vivre. Mais j'avais aussi entendu dire qu'il y avait là-bas beaucoup de maisons en terre crue, or je m'intéressais déjà à ce type d'architecture. Ma raison me disait non ; mon instinct me disait oui. Pendant quelques semaines, je me suis sentie très bien, surtout lorsque les gens me disaient que j'étais courageuse de partir là-bas. Mais deux semaines avant mon départ, la réalité m'a rattrapée, et je suis devenue extrêmement nerveuse. Je me suis dit : « Que je suis bête ! Je laisse tout le monde derrière moi : mon petit ami, ma famille, mes amis. » Je n'avais même pas reçu de confirmation de l'organisation bangladaise. Je leur avais envoyé une lettre, mais je n'avais jamais eu de réponse

[7] L'ONG Dipshikha, en français « étincelle de lumière », est née d'un mouvement de jeunesse, www.shanti.de/wordpress/project/partner-in-bangladesch (29.4.2024).

(la messagerie électronique n'était pas encore généralisée !). L'organisation partenaire allemande, Shanti Partnerschaft Bangladesh ⑧, m'avait juste dit que quelqu'un viendrait me chercher à l'aéroport.

Ma mère a tenté de me rassurer : « Ne t'inquiète pas ! Si personne ne vient te chercher, tu n'auras qu'à prendre un taxi pour te rendre sur place. » Mais à l'époque, il n'existait pas de plan précis de Dhaka et les passagers devaient guider les taxis jusqu'à l'endroit où ils voulaient aller. Ce dont j'aurais été totalement incapable, car je ne parlais pas un seul mot de bengali. Lorsque j'ai pris l'avion en septembre 1997, avec mon sac à dos et ma guitare, je me suis sentie totalement misérable. Une question me taraudait sans cesse : « Que vais-je faire si personne ne vient me chercher ? » Après avoir finalement atterri à Dhaka, j'ai donc été extrêmement soulagée lorsque j'ai vu Dilip de Dipshikha qui m'attendait devant l'aéroport avec ma lettre à la main. La vie me souriait à nouveau !

⑧ www.shanti.de (29.4.2024).

Le jour de mon arrivée, aucune voiture n'était autorisée à circuler dans les rues à cause d'une grève, et nous avons dû prendre une série de pousse-pousse pour atteindre notre destination. À partir de ce moment-là, j'ai été tout simplement heureuse d'être là. L'hospitalité des personnes que j'ai rencontrées était incroyable. Tous ces gens s'intéressaient vraiment aux autres et m'accueillaient chaleureusement, alors qu'ils ne me connaissaient pas du tout. Il n'y avait pas de barrière. Ils m'ont tout simplement intégrée à leur vie. Mais ce qui m'a le plus étonnée, c'est l'intense beauté du Bangladesh. Je n'avais jamais visité ce que nous appelions à l'époque un « pays en voie de développement ». Jusqu'à cette expérience, je pensais que l'absence d'argent était synonyme d'absence de beauté. Pour ne pas m'exhiber dans un pays pauvre, j'avais laissé tous mes « beaux » vêtements à la maison et emporté seulement les plus usés. Je n'avais pas pris de bijoux non plus. Quelle erreur ! Mes nouvelles amies bangladaises ont clairement eu pitié de moi et de mes vêtements si laids, et elles ont commencé à me prêter les leurs.

Se rendre à Rudrapur depuis Dhaka, une capitale dense, bruyante et polluée, fut une expérience inoubliable. Après un voyage en bus assez éprouvant, qui a duré une journée entière, je suis arrivée en pousse-pousse au village. Ce fut comme pénétrer dans un autre monde. Mes sens se sont ouverts, mon esprit s'est apaisé et j'ai été baignée dans un océan du vert le plus luxuriant que j'aie jamais vu. C'était tellement

5 Les échanges culturels par le biais de la musique fonctionnent à merveille : en 1998, chants folkloriques bavarois et bengalis dans un village des Santal, qui appartiennent à la tribu des adivasi (Bangladesh).

vivant et intense ! J'avais l'impression de me noyer visuellement dans ces rizières à la géométrie rythmée, bercée par le concert des oiseaux et des insectes, entourée des villageois et villageoises aux vêtements colorés. Il y avait aussi de jolies maisons en terre, construites sur de petits tertres de boue pour qu'elles restent au sec pendant la mousson. Leur taille modeste et les traces des nombreuses mains qui les avaient construites m'ont profondément touchée. J'ai été invitée dans chaque cour, et j'ai commencé à me sentir chez moi dans ce pays qui m'a accueillie si rapidement et avec tant de bienveillance.

La pauvreté n'exclut pas la beauté, mais quand les choses sont laides et faites sans soin, la misère s'installe.

J'ai tout de suite aimé le Bangladesh et ses habitants. Je m'y suis sentie parfaitement heureuse et j'ai commencé à apprendre que la beauté n'a rien à voir avec la richesse, mais avec la valeur que l'on donne aux gens et aux choses. Cette beauté intrinsèque était présente dans presque tous les objets que je rencontrais dans ma vie quotidienne à Rudrapur. Elle était dans les saris des femmes, avec de surprenantes combinaisons de couleurs et de motifs. Elle était dans chaque cuillère faite à la main, dans le couteau de cuisine qui aurait pu inspirer l'oiseau de Eames, dans chaque panier, chaque outil de pêche, chaque pot en terre cuite. Les assiettes étaient souvent en laiton, mais quand c'était trop cher, on mangeait dans des feuilles de bananier fraîchement coupées. La plupart des objets avaient été fabriqués avec minutie. Ils n'étaient pas seulement fonctionnels. Ils exprimaient aussi le plaisir de la décoration, visible depuis les montagnes de fruits empilés avec art jusqu'aux peintures sur les murs des maisons en terre. Tout semblait vivant, ludique, et tellement plus authentique que les objets que j'utilisais en Allemagne ! J'ai été frappée par le nombre d'ustensiles que les gens avaient fabriqués eux-mêmes. Quand je comparais cela à mes propres compétences, je me demandais lequel des deux pays méritait le terme « développé » et lequel serait le plus résilient face aux crises.

6

Si j'ai rapidement changé d'avis sur les pays en voie de développement, il m'a fallu un certain temps pour trouver les liens possibles avec ma profession d'architecte. Chaque fois que je voyais des exemples d'architecture associés à un projet de développement économique et social, j'avais l'impression que les bâtiments n'avaient qu'un seul but : être fonctionnels. Par ailleurs, il me semblait presque blasphématoire de parler de beauté, alors que tant d'autres problèmes, comme l'assainissement et la santé, n'étaient pas encore résolus. La pauvreté n'exclut pas la beauté, mais quand les choses sont laides et faites sans soin, la misère s'installe.

En fait, la beauté est une nécessité ! Rendre les choses belles signifie les faire avec amour, et cela résonne avec la dignité qui est en chacun de nous. Comment peut-on mépriser les cultures constructives, les savoir-faire vernaculaires ou les matériaux différents des nôtres ? C'est comme si l'on disait : « Ce dont tu disposes ou ce que tu sais faire, ce n'est pas suffisant. Tu dois devenir quelqu'un d'autre pour être considéré comme ›développé‹, sinon tu n'es pas notre égal. » Pour moi, tirer le meilleur parti des ressources disponibles à proximité est le plus grand signe de développement.

Quel que soit le projet de développement, la meilleure stratégie est de commencer par l'analyse des potentiels existants.

Je ne l'ai compris que bien des années plus tard, mais la vérité, c'est que la jeune fille allemande de dix-neuf ans que j'étais lorsque je suis arrivée dans ce village du Bangladesh ne pouvait pas contribuer à son développement. Non seulement je ne savais pas grand-chose de la vie, parce que j'avais connu peu d'expériences, mais en plus, je n'avais pas encore de métier. Comment se rendre utile dans ces conditions ? À Rudrapur, en fait, c'est moi qui étais en apprentissage.

J'appartiens à une société qui valorise la réussite. Je venais d'obtenir mon *Abitur*, le bac allemand, et j'étais encore très influencée par le système éducatif européen. J'avais l'habitude de me concentrer sur la réalisation de mon prochain objectif, sur l'obtention de bonnes notes et sur le fait d'être « super utile ». Mais soudain, je me suis retrouvée dans un environnement où je pouvais être tout simplement moi-même : écouter, absorber les choses, parler de mon pays, exprimer ce que j'appréciais dans la culture bangladaise et apprendre le bengali avec tous les villageois comme professeurs. « Être là » était suffisant, et c'était tout à fait nouveau pour moi ! Arrêter de me focaliser sur des objectifs et des résultats fut le fruit d'un intense processus. La chose la plus impor-

6 Que ce soit dans les petites exploitations agricoles, dans l'architecture en terre crue ou dans les objets du quotidien, l'échelle humaine et l'artisanat sont manifestes un peu partout autour de Rudrapur.

7

8

tante, à ce moment-là, était d'écouter ce que les gens voulaient partager avec moi, de chanter une chanson bavaroise et d'apprendre en retour un chant bengali, mais surtout de montrer ma profonde gratitude envers les personnes rencontrées pour le temps qu'elles me consacraient.

Nous recherchons tous le bonheur. Mais le bonheur est profondément lié à l'épanouissement de nos talents et à la découverte de la manière dont ils peuvent être utiles aux autres. Les projets de développement ont donc pris pour moi une nouvelle dimension. Le développement intérieur est beaucoup plus important que le développement économique. Je trouve très juste cette phrase attribuée à Aristote : « Là où vos talents et les besoins du monde se rencontrent se trouve votre vocation. »

Pendant cette année de service civique à Rudrapur, j'ai essayé de comprendre quels étaient mes talents et comment les mettre en valeur. Je n'ai pas trouvé immédiatement la réponse. J'ai surtout recueilli des images du lieu et je me suis laissé inspirer par sa beauté. Aujourd'hui encore, cela nourrit mon processus de conception intuitive. Mon séjour au Bangladesh m'a enseigné ce principe décisif : quel que soit le projet de développement, la meilleure stratégie est de commencer par l'analyse des potentiels existants. Cela englobe les ressources naturelles, le tissu social, mais aussi nos propres talents. La deuxième étape consiste à tirer le meilleur parti de ces atouts, au lieu d'imiter ce qui se fait ailleurs et de dépendre de facteurs extérieurs. C'est ce que j'essaye de faire avec mon architecture : valoriser les potentiels locaux, les matériaux disponibles et les savoir-faire artisanaux. •

7 Objets du quotidien à Ghaura (Bangladesh) : beaucoup ont été fabriqués à la main par ceux qui les utilisent. 8 Couvertures en saris avec des broderies Kantha à Chakatal (Bangladesh).

À LA RENCONTRE DE L'ARCHITECTURE
UNIVERSITÉ D'ART ET DE DESIGN DE LINZ

———J'ai toujours été attirée par les projets de développement, car je ne supporte pas l'injustice. Quand je suis confrontée à une injustice, j'éprouve beaucoup de colère. Le côté positif, c'est que cela me donne de l'énergie. Un des objectifs de vie que je me suis fixés est d'améliorer la justice sociale. En raison de toutes les préoccupations écologiques qui ont marqué mon enfance, je voulais également contribuer à rendre la planète plus saine. Et en même temps, je portais en moi une impulsion irrésistible : le besoin de créer de la beauté.

En Allemagne, il est d'usage que les lycéens qui passent le bac publient un journal intitulé *Abitur Zeitung* dans lequel chaque élève est présenté par ses amis. Les miens m'ont décrite ainsi : « Anna veut construire des maisons en terre rigolotes, comme Hundertwasser [9]. » À la fin de mon service civique à Rudrapur, je n'en étais plus aussi sûre. Je voulais rester au Bangladesh. Je m'y sentais vraiment chez moi et je n'avais pas envie de rentrer en Allemagne. Bien sûr, je savais que je ne pouvais pas rester éternellement au Bangladesh et que je devais apprendre un métier, mais j'ai eu beaucoup de mal à faire mes valises.

Si l'architecture m'intéressait, c'est parce qu'au-delà de ses aspects esthétiques, elle a un fort impact social et écologique. Elle peut également être utilisée comme un outil créatif pour toucher un grand nombre de personnes. Cette responsabilité et ce potentiel de changement me captivaient. Mais je ne savais pas comment les concilier avec mon désir de participer à des projets de développement. J'avais l'impression que mes deux passions étaient complètement dissociées, et il m'a fallu du temps pour trouver comment les réunir. J'ai décidé de poser ma candidature à la Kunstuniversität Linz, une petite université autrichienne d'art et de design. Le département d'architecture, qui compte une centaine d'étudiants, était dirigé à l'époque par le professeur Roland Gnaiger. Cet architecte vorarlbergeois réputé avait un engagement écologique important à mes yeux. Je sentais que Linz était le bon endroit pour faire mes études… mais j'ai échoué à l'examen d'entrée.

⑨ Friedensreich Hundertwasser est un peintre, architecte et écologiste activiste autrichien (1928–2000).

J'étais dévastée ! J'avais quitté le Bangladesh juste à temps pour passer ce test, et je ne voulais pas aller dans une autre université. Je suis restée assise chez moi, frustrée, ne sachant que faire. J'ai compris plus tard l'importance de cette « année sabbatique », qui m'a permis de digérer toutes les expériences que j'avais vécues au Bangladesh. Mon esprit était encore là-bas, et ce pays m'a tellement manqué que je n'aurais pas pu me concentrer sur mes études. Cette année-là, j'ai travaillé comme illustratrice pour des livres destinés aux enfants, dont deux coécrits par ma mère[10]. J'ai également suivi des cours de danse, de scénographie et d'histoire de l'art au Mozarteum de Salzbourg, tout en effectuant un stage dans une agence d'architecture. La seule agence dans laquelle j'aie jamais travaillé !

Au cours de l'été 1999, j'ai finalement réussi l'examen d'entrée à l'université d'art et de design de Linz. Tout au long de la première année, mes professeurs ont douté de mes capacités à devenir architecte, et ils m'ont conseillé d'étudier le graphisme ou les beaux-arts. Avec le recul, je pense que c'est parce que je ne conçois pas d'une manière très pragmatique. J'ai besoin de trouver la personnalité du bâtiment, de ressentir son caractère, l'atmosphère que je veux créer. Je dois me connecter au « corps émotionnel » d'un bâtiment avant d'en percevoir la structure squelettique. Je sais que ce n'est pas la façon la plus logique de concevoir un projet. La plupart des gens mettent les fonctions au premier plan. Ma manière d'aborder l'architecture est probablement pour eux comme commencer l'alphabet par Z au lieu de A. Mais c'est ainsi que fonctionne mon intuition. Peut-être existe-t-il aussi une approche plus masculine et une autre plus féminine ? Quoi qu'il en soit, la démarche de conception analytique et rationnelle ne m'est pas naturelle. Quinze jours avant la présentation finale de mon premier projet, je n'avais encore que de très vagues dessins. Mais j'avais la tête pleine d'idées sur l'ambiance que je souhaitais créer. Lorsque j'ai présenté les études en cours à mon professeur, Roland Gnaiger, il m'a demandé : « Êtes-vous sûre de vouloir présenter votre travail dans deux semaines ? » J'étais tellement furieuse que j'ai travaillé littéralement jour et nuit. Le résultat m'a valu un certain respect, ce qui a confirmé que l'architecture était le bon choix pour moi. Quel soulagement !

Plus tard pendant mes études, j'ai été influencée par la scène néerlandaise et le déconstructivisme, voire le design paramétrique. C'était très différent de ce que j'ai fait par la suite. J'aimais les projets de Peter Eisenman, Zaha Hadid, Greg Lynn et tous ceux qui étaient à la mode à l'époque, et j'ai essayé de travailler de la même manière. Il est

[10] Lene Mayer-Skumanz et Irmgard Heringer (texte), Anna Heringer (dessins). *Löwen gähnen niemals leise – Wie Lernen leicht gelingt. Geschichten, Tipps und Übungen für Kinder*. Kirchzarten, VAK-Verlag, 1998 ; Lene Mayer-Skumanz et Irmgard Heringer (texte), Anna Heringer (dessins). *Mit dem Tiger um die Wette – Geschichten, Tipps und Übungen bei Prüfungsangst und Stress*. Kirchzarten, VAK-Verlag, 1999.

intéressant de voir à quel point on peut parfois se perdre dans des choses superficielles, et combien les choix en matière de design peuvent être aléatoires. Heureusement, j'ai replongé dans une réalité complètement différente lorsque je suis retournée au Bangladesh pendant les vacances d'été. J'ai senti alors que la beauté réduite au niveau formel est assez futile, et qu'il existe une dimension beaucoup plus profonde. Depuis, quand je conçois un bâtiment, je cherche une harmonie entre la structure, les techniques constructives et la mise en œuvre des matériaux, ainsi qu'avec le site, l'environnement, les utilisateurs et le contexte socioculturel. Pour moi, ce sont ces éléments qui déterminent si un bâtiment est beau esthétiquement et écologiquement. C'est en ce sens que l'écologie est synonyme de beauté. À l'époque, cette idée était encore embryonnaire chez moi. J'avais une intuition, mais je n'arrivais pas encore à l'exprimer.

Après quelques années à l'université, j'étais vraiment épuisée et proche du burn-out. J'investissais beaucoup de temps dans mes études, mais je ne trouvais pas de sens à ce que je faisais, parce que mon processus de conception devenait de plus en plus formaliste. J'insérais toujours une certaine valeur sociale dans mes projets à l'époque, mais je me rends compte aujourd'hui que c'était assez artificiel.

À l'université d'art et de design de Linz, les étudiants disposent de deux semestres pour réaliser leur projet de diplôme[11] et ils peuvent choisir leur sujet. Comme tout le monde, je voulais faire quelque chose qui m'aiderait à trouver un emploi après la fin de mes études. J'ai donc décidé de travailler sur un projet urbain dans ma ville natale de Laufen, sur un terrain situé à la frontière entre l'Autriche et l'Allemagne. Mais je n'étais pas très enthousiaste. •

(11) Cela équivaut aujourd'hui en France au mémoire de master et au projet de fin d'étude (PFE) [NdT].

9 Mon goût pour l'illustration influence encore aujourd'hui mes dessins d'architecture (*Clouds come floating*, vers 2010).

LE CHAÎNON MANQUANT
DÉCOUVERTE DE LA TERRE

——— Pendant que je préparais mon diplôme, j'ai commencé à sentir que mon projet allait à l'encontre de mon intuition, mais je n'osais pas encore reconnaître que je faisais fausse route. J'ai également eu des problèmes de santé. De violents maux de ventre me réveillaient toutes les nuits vers quatre heures du matin. J'étais extrêmement maigre et je devais me forcer pour manger. J'étais dans une phase dépressive de ma vie. Puis, un jour, j'ai vu sur le mur de l'université une affiche invitant à un atelier organisé par Martin Rauch, le spécialiste autrichien de la construction en pisé. J'ai toujours été intéressée par l'architecture en terre. J'avais d'ailleurs dessiné une maison en terre pour mon dossier de candidature à l'université. Mais au cours de mes études, j'ai eu peu à peu le sentiment qu'il s'agissait probablement d'une sorte de « fantasme hippie » qui n'avait rien à voir avec la réalité. Quand on est étudiant, on feuillette tous les magazines d'architecture du moment, et à l'époque, ils ne montraient jamais de bâtiments en terre. Quand j'ai vu cette affiche, je me suis dit : « C'est l'occasion de revenir à mon rêve initial. Ce que je veux vraiment faire, c'est de l'architecture en terre. »

En me rendant à l'atelier qui avait lieu dans le Vorarlberg [12], j'avais encore mal à l'estomac, et je me sentais comme l'ombre de moi-même. Mais dès que j'ai trituré la boue, j'ai su que c'était le chaînon manquant entre mon envie de concevoir quelque chose de beau et mon désir d'avoir un impact social et écologique. Mettre les mains dans la terre m'a procuré une sensation archaïque, comme si j'avais retrouvé ma vocation. J'ai compris que c'était le matériau avec lequel je pouvais favoriser l'équité sociale en harmonie avec la nature. La terre est disponible partout et demande un savoir-faire artisanal, qui contribue à la justice sociale en créant des emplois. On peut construire en terre aussi bien dans les pays en voie de développement qu'en Europe, ce qui est important pour moi. Et surtout, c'est un matériau extrêmement beau, avec lequel il est merveilleux de construire. Dans la nuit qui a suivi cette journée très spéciale, j'ai rêvé d'un cercle dans lequel l'alpha

(12) Ce land situé à la pointe ouest de l'Autriche a joué un rôle pionnier dans la transition écologique.

rejoignait l'oméga. Je l'ai pris comme le signe que j'avais trouvé la raison de ma présence sur cette planète.

C'était comme l'aboutissement d'une longue recherche intérieure. Ce sentiment a été confirmé le lendemain par la visite du cimetière du monastère de Sankt Gerold. Quand j'ai vu un alpha et un oméga gravés dans le mur en pisé construit par Martin, j'ai pensé : « OK, je l'ai maintenant ! C'est mon matériau. Je ne le lâcherai plus jamais. »

Après cette expérience cruciale, tout est devenu très facile. J'ai décidé de modifier mon projet de diplôme et de concevoir une école à Rudrapur. Je savais que l'ONG Dipshikha en avait besoin. Je venais de rentrer du Bangladesh, où j'avais réalisé une étude sur le village avec trois camarades de l'université[13]. Nous avions mesuré et documenté toutes les maisons en terre et en bambou, ainsi que les schémas d'implantation, et nous avions analysé les liens avec l'agriculture. J'avais entendu dire qu'il existait des plans pour la construction d'une nouvelle école, mais que les gens n'étaient pas satisfaits de la conception. J'ai donc décidé de saisir cette opportunité. J'avais un peu peur de demander au professeur Gnaiger s'il accepterait ce projet pour un diplôme. Ce genre de programme est aujourd'hui courant dans les universités, mais à l'époque, c'était très inhabituel. J'avais l'impression d'être une extraterrestre. Heureusement, mon sujet a été accepté.

[13] Petra Rager, Tobias Hagleitner et Gunar Wilhelm.

Mettre les mains dans la terre m'a procuré une sensation archaïque, comme si j'avais retrouvé ma vocation.

Pendant la préparation de mon diplôme, j'ai essayé d'obtenir un stage chez Martin Rauch, car je savais que je devais acquérir plus d'expérience dans la mise en œuvre de la terre avant de construire l'école de Rudrapur. Je ne ressemble vraiment pas à un ouvrier du bâtiment. Je n'en ai ni la taille ni les muscles. Il a donc été très difficile d'obtenir ce travail. Le tout dernier jour du premier atelier sur le pisé organisé avec l'université, je me suis dit : « C'est ta dernière occasion pour demander un stage. » Je suis donc allée à l'atelier, j'ai pris un balai et j'ai commencé à nettoyer le sol, juste pour avoir une raison d'être là. Puis j'ai entendu par hasard que Martin cherchait quelqu'un pour travailler le soir même à un projet. Personne n'avait le temps, alors j'en ai profité et j'ai dit à Martin : « Si tu veux, je peux le faire ! » C'est ainsi que j'ai mis le pied dans la porte. Ensuite, j'ai fait en sorte qu'un membre de son équipe place ma demande de stage en haut de la pile. J'ai passé finalement huit semaines chez Martin pendant l'été 2003. Participer à l'un de ses chantiers fut une expérience décisive !

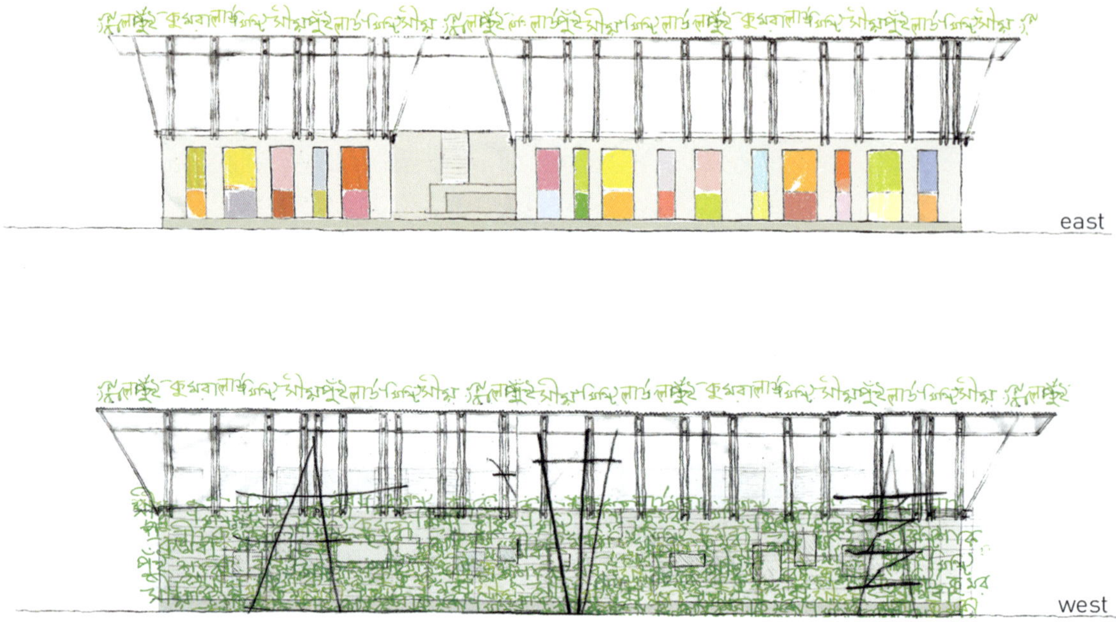

10

En tant qu'étudiante, j'avais deux faiblesses. D'abord, j'avais peur du chantier, car j'étais consciente que je ne connaissais rien à la construction. En vérité, je n'étais même jamais allée sur un chantier ! Par ailleurs, je savais que je n'étais pas très douée pour le dessin assisté par ordinateur. Je ne me souciais pas trop de cette dernière lacune, mais je voulais comprendre comment fonctionne l'artisanat. J'ai donc décidé de me concentrer sur ce point. Travailler sur le chantier avec Martin et son équipe a été très éprouvant. Chaque matin, je me disais : « Je ne survivrai pas un jour de plus ! » Mais je me suis sentie de plus en plus confiante au fil du temps et de l'expérience. Cela m'a permis de faire partie de l'équipe enseignante de l'université d'art et de design de Linz. Après mon stage, j'ai convaincu mes collègues que Living Tebogo devait être construit en terre. Ce projet de conception-construction a été réalisé par un groupe d'étudiants à Orange Farm, un bidonville situé au sud de Johannesburg. Participer à la concrétisation de cette maison pour enfants handicapés en Afrique du Sud fut une expérience riche en apprentissages.

L'école METI était très différente des diplômes de mes camarades. À l'époque, j'avais l'impression que tous les autres concevaient des projets beaucoup plus sophistiqués que le mien. Je me disais : « Plus c'est intellectuel, mieux c'est ! » Mon projet, qui comprenait aussi des logements pour les enseignants, une bibliothèque publique et un atelier pour les artisans, me semblait trop basique. C'est ce que je ressentais

10 Ces dessins représentant les façades de l'école METI à Rudrapur sont tirés de mon diplôme de fin d'études intitulé « School – Handmade in Bangladesh », obtenu en 2004 à l'université d'art et de design de Linz.

particulièrement au sujet de l'école, avec ses simples murs porteurs en terre délimitant les classes, ses espaces en forme de grotte et sa cabane en bambou. Mais je suppose que c'était surtout parce que je n'avais pas vraiment confiance en moi à ce moment de ma vie, et que mes propres talents me semblaient toujours inférieurs à ceux des autres.

Après avoir obtenu mon diplôme en 2004, j'ai commencé à collecter de l'argent pour construire l'école, mais il m'a fallu près d'un an pour atteindre la somme nécessaire. Ensuite, bien sûr, j'ai dû former une équipe. Le bâtiment semblait simple, mais je savais que la construction devait être très précise. J'ai eu la chance de trouver trois personnes qui ont accepté de participer à cette phase du projet : mon cousin Emmanuel Heringer, qui est vannier, l'ingénieur Christof Ziegert et l'architecte Eike Roswag-Klinge. J'avais rencontré Eike à Berlin en 2003, lors du « Moderner Lehmbau », la conférence internationale sur la construction en terre. Intéressé par le projet, il avait proposé de venir à Rudrapur pour découvrir le site et rencontrer le maître d'ouvrage. En septembre 2005, quand les plans détaillés ont été terminés et les fonds réunis, nous avons commencé la construction. •

BANGLADESH : UNE EXPÉRIENCE SI FORMATRICE

LES LEÇONS DU CHANTIER
ÉCOLE METI, UN BÂTIMENT « FAIT MAIN »

——— Lors de la conception de l'école METI, j'ai eu de nombreuses discussions avec Paul Tigga, directeur de l'ONG Dipshikha et initiateur du projet, ainsi qu'avec son fils Prodip, directeur de l'école. Tous deux voulaient un bâtiment favorisant un « apprentissage joyeux », c'est-à-dire une école où les élèves se rendent chaque jour avec enthousiasme et dans laquelle ils sont heureux. Cela m'a encouragée à concevoir le bâtiment du point de vue des enfants, sans faire de recherches sur la pédagogie ni sur la psychologie. J'ai préféré me souvenir de ma propre jeunesse et renouer avec l'enfant qui est en moi. Je crois que nous, les êtres humains, sommes tous très semblables quand les multiples couches d'ego qui nous étouffent ont été effeuillées. En me concentrant sur les besoins humains essentiels, j'ai découvert que les rêves et les besoins d'une gamine bavaroise étaient proches de ceux d'un petit Bangladais.

Quand nous étions enfants, les endroits que nous préférions, mes amis et moi, ressemblaient à des refuges troglodytiques. Ils nous procuraient le sentiment d'être enveloppés et protégés, tout en nous offrant une large vue sur ce qui nous entourait. J'aimais me cacher sous une table couverte d'une nappe tombante et admirer les multiples couleurs que les rayons du soleil faisaient chatoyer. Personne ne pouvait me voir, mais je pouvais tout entendre. Parfois, avec mes amis, nous nous blottissions dans des buissons ou dans la frondaison luxuriante d'un arbre. Ainsi protégés, nous pouvions observer sans être vus. Dans ce genre d'espace étroit, baigné par une lumière tamisée, je me suis toujours sentie en sécurité ; indépendante, mais sans perdre le contact avec la vie qui se déroulait autour de moi. C'est probablement ce que les enfants de Rudrapur ressentent lorsqu'ils sont assis dans les grottes de l'école METI et qu'ils regardent par les ouvertures donnant à la fois sur l'extérieur et sur la salle de classe. J'ai aussi dessiné pour eux une cabane dans les arbres, comme celle dont rêvent la plupart des gamins.

Les gens me demandent souvent si les enfants ont été impliqués dans le processus de conception, mais ce n'est pas le cas. Pour ce projet,

11 Lors de l'ouverture de l'école METI en 2006, des saris colorés remplaçaient les portes qui n'étaient pas prêtes. Cela m'a tellement plu que nous les avons conservés. (→ pages suivantes)

comme pour ceux qui ont suivi, j'ai essayé de me concentrer sur les besoins humains qui me semblent fondamentaux : se sentir protégé, avoir conscience de sa propre valeur, faire partie d'une communauté, s'émanciper, mais aussi jouer. Les archétypes spatiaux et les processus de conception et de construction que j'utilise sont toujours inspirés par ces besoins archaïques.

Pour l'école METI, le client m'avait demandé une salle de classe circulaire, car ses élèves s'assoient généralement en rond sur le sol. Comme j'étais un peu sceptique, j'ai consulté quelques amis enseignants au sujet de leur classe idéale : tous préféraient une pièce avec de nombreux coins pour pouvoir répartir les élèves par petits groupes à différents endroits. Cela rejoignait ma propre expérience. Parfois, je voulais être seule parce que j'étais triste ou que j'avais besoin de réfléchir et d'assimiler quelque chose, mais la conception de la classe m'obligeait à faire partie du groupe. Par ailleurs, je savais que la portée d'une salle de classe standard est trop importante pour un plancher en bambou, et que j'avais besoin de poteaux intermédiaires pour supporter la charge. La création des grottes est donc la conjonction de ces trois éléments : le souhait du client d'avoir des formes organiques, la possibilité d'avoir des zones de détente, les exigences structurelles. J'ai ainsi pu offrir aux élèves un élément ludique et une ambiance protectrice et chaleureuse. Au-delà de la pure fonctionnalité, cet espace rayonne d'amour et de joie.

La grotte et la cabane ont deux caractères très différents, mais tout aussi importants à mes yeux. La terre crue apporte ancrage et atmosphère introvertie à la grotte du rez-de-chaussée, tandis que la charpente en bambou donne à l'étage une image légère et extravertie. La structure de la façade ouest a été fortement influencée par les techniques apprises chez les scouts : elle ressemble à la tour réalisée dans l'un des camps d'été ! En fait, tout l'étage est comme une grande cabane. À Rudrapur, les maisons sont de plain-pied. La plupart des enfants n'avaient jamais vu de bâtiment à étage, et monter là-haut était pour eux très excitant. Certains ont eu peur au

12

13

début, mais ils se sont rapidement approprié tous les espaces avec beaucoup d'enthousiasme.

Le contraste entre la rugosité massive des murs en terre et la légèreté des saris aux couleurs vives, que nous avons utilisés pour le plafond et les rideaux des portes, est l'un des éléments qui rendent l'atmosphère de l'école METI si singulière. J'aime particulièrement le contraste entre la trame rigide des bambous et les ondulations des saris. Lorsque je me promenais dans les villages du Bangladesh, j'avais toujours admiré ces magnifiques textiles séchant sur des cordes à linge. Dans certaines maisons, des saris sont tendus au-dessus du lit pour le protéger de la poussière qui tombe du toit de chaume. J'ai repris cette tradition, mais d'une autre manière et à une autre échelle.

Si j'ai conçu cette école avec de la terre et du bambou, c'est pour mettre en valeur la beauté inhérente à ces matériaux. Je voulais prouver que leur utilisation ne se limite pas à de petites huttes sombres et qu'ils permettent également d'ériger de grandes structures témoignant de leurs fantastiques qualités. Au rez-de-chaussée, les murs porteurs sont construits selon la technique de la bauge. La terre et la paille de riz ont d'abord été mélangées par des vaches et des buffles d'eau. Ensuite, les ouvriers ont formé des boules qu'ils ont entassées sur un socle pour former une couche d'environ 65 centimètres de hauteur. Après quelques jours de séchage, l'excès de matière a été enlevé à l'aide d'une bêche avant de commencer la couche suivante.

12 L'endroit préféré des enfants : les grottes de l'école METI. 13 À l'étage de l'école METI, les cours se déroulent dans une ambiance de cabane dans les arbres.

Les techniques de construction en terre et en bambou ont été développées avec l'architecte Eike Roswag-Klinge et l'ingénieur Christof Ziegert. Les vingt-cinq ouvriers et artisans de Rudrapur et des villages voisins qui les ont ensuite mises en œuvre ont été formés sur place, ce qui a permis de créer des emplois, initiant une nouvelle étape vers l'émancipation. Nous leur avons enseigné de nouvelles techniques, mais ils nous ont aussi beaucoup appris, par exemple la meilleure manière de réaliser l'amalgame. Bien sûr, nous n'avions pas de malaxeur sur place ! Nous avons d'abord essayé de mélanger terre et paille avec une charrue, mais cela n'a pas fonctionné. Nous avons alors fait travailler des vaches. C'était déjà mieux, mais les ouvriers m'ont dit : « Regarde Anna, les vaches sont trop intelligentes. Elles posent toujours leurs pattes dans les trous du tour précédent. Il te faut des buffles d'eau ! » À la fin du chantier, j'étais l'heureuse propriétaire de huit buffles !

14

La modernité que beaucoup recherchent passe par l'architecture, pas par l'usage de matériaux industriels.

Afin de protéger les murs de l'humidité, le bâtiment repose sur une fondation en maçonnerie de 50 centimètres d'épaisseur en brique de terre cuite, le produit le plus courant dans l'industrie du bâtiment au Bangladesh. Un enduit au ciment apporte une finition imperméable. Deux couches de film en polyéthylène, disponible localement, ont été superposées sur cette base pour créer une membrane d'étanchéité. Fondation et membrane, les deux ajouts principaux aux méthodes locales de construction en terre, permettront au bâtiment de durer plus longtemps tout en réduisant les besoins d'entretien. Pour protéger les murs par le haut, nous avons couvert le bâtiment d'un toit largement débordant. L'ajout de paille à la terre est aussi une amélioration des techniques traditionnelles : lorsque la surface s'érode d'environ deux centimètres, les brins commencent à dépasser, rendant la façade plus rugueuse. C'est l'écoulement de la pluie sur la surface qui provoque l'érosion. La rugosité apportée par la paille ralentit la vitesse de l'eau qui glisse le long de la façade et stabilise les parties humides. L'eau elle-même n'est pas un problème : elle ne peut pas pénétrer très profondément dans le mur, car lorsque la terre est mouillée, les particules d'argile gonflent et referment naturellement les fissures. Et comme l'argile sèche rapidement, les façades sont très durables.

Les murs en bauge de l'école METI, construits en 2005, ont prouvé leur solidité, même sous la pluie battante de la mousson. La terre ne contient aucun additif chimique, seulement la paille du riz produit localement. Beaucoup de gens pensent que pour rendre les constructions en terre

plus modernes et plus solides, il faut ajouter du ciment ou un autre additif stabilisant. Mais ce n'est absolument pas nécessaire! Pourquoi ajouter quoi que ce soit à un matériau qui est déjà parfait? La terre peut équilibrer l'humidité pendant la saison des pluies mieux que n'importe quel autre matériau. Si un endroit doit être réparé, il suffit de prendre la partie abîmée, d'ajouter un peu d'eau et de la remettre en place. Quand la terre sera sèche, la façade retrouvera son aspect d'origine. Et si le bâtiment doit être démoli, il suffit d'enlever le toit et de laisser les murs s'effondrer sur le sol dont ils sont issus. Ensuite, vous pouvez même y cultiver vos légumes. Rien de tout cela n'est possible si vous ajoutez du ciment! La modernité que beaucoup recherchent passe par l'architecture, pas par l'usage de matériaux industriels, même si on peut en utiliser de manière ciblée pour des besoins précis. Les bambous de la structure de l'école ont été assemblés à l'aide de cordes en nylon et de broches en acier, qui pourront être réutilisées quand le bâtiment sera en fin de vie, conformément aux principes de l'économie circulaire. Dans d'autres constructions avec des portées plus petites, nous avons utilisé des broches en bambou et des cordes en fibre de coco, que nous avons tissées nous-mêmes.

Donner à la façade un rythme irrégulier était pour moi très important. C'est là que la musique entre en scène! Je trouve les grilles répétitives horribles. Les projets qui n'émergent que d'un plan standardisé me hérissent le poil. Lorsque vous jouez de la batterie, vous laissez tomber certains temps ou vous mettez l'accent sur le contretemps. C'est ce que j'ai ressenti en concevant la façade de l'école METI. Cela a donné lieu à de nombreuses discussions sur le chantier avec mes collègues allemands. Ils pensaient qu'il valait mieux créer une trame régulière et placer toutes les fenêtres à la même hauteur. Cela semblait plus facile du point de vue de la construction, mais je tenais beaucoup au rythme irrégulier de la façade. Ce sont nos émotions qui donnent le rythme. Même les battements de cœur ne sont pas toujours les mêmes… et le cœur s'arrête parfois de battre quand on tombe amoureux! Il n'est pas naturel que tout soit aussi rationnel. D'ailleurs, en fin de compte, comme les artisans n'avaient jamais utilisé de mètre ni de niveau auparavant,

14 Préparation du mélange terre-paille lors de la construction de l'école METI.

il s'est avéré beaucoup plus facile de réaliser des ouvertures de formes irrégulières. Le rythme de la façade de l'école METI n'est pas « stoïque », c'est celui d'un cœur passionné. Une façade géométriquement tramée n'aurait pas reflété la sensibilité de la culture bangladaise.

Dès le départ, il était aussi très important pour moi d'apporter de la couleur dans le bâtiment. Au Bangladesh, les couleurs font partie intégrante de la vie quotidienne, en particulier dans les textiles, pour les hommes comme pour les femmes. Quand sa structure était encore brute, le bâtiment était déjà très impressionnant. Mais lorsque les couleurs sont apparues, il a soudain touché le cœur des villageois, et j'ai vu qu'ils commençaient à s'approprier l'école à un niveau émotionnel.

Il était également essentiel pour moi d'intégrer les futurs utilisateurs dans le processus de construction. C'est pourquoi j'ai proposé à deux enseignants Montessori, Christine Karl et Clemens Bernhard, de rejoindre l'équipe. Ils étaient chargés de faire participer les enfants au chantier après la fin des cours. Bien sûr, cela semait un peu la pagaille, mais le jeu en valait la chandelle ! Les enfants de Rudrapur faisaient déjà de la poterie et beaucoup d'autres activités créatives à l'école, mais sur le site, ils pouvaient travailler la terre à l'échelle d'un bâtiment. J'ai veillé à ce qu'ils participent vraiment à la construction, car je suis persuadée que toute personne veut être prise au sérieux et faire quelque chose d'utile. Au lieu de faire semblant dans une cuisine miniature, les enfants préfèrent préparer de vrais repas dans une vraie cuisine.

Lorsque vous construisez avec des outils et des machines électriques, il y a toujours un risque de blessure. Mais si vous montez des murs avec de la terre et de la paille, vos mains suffisent. Et c'est si bon d'avoir les mains dans la boue ! Le choix de la terre a également permis d'inclure de nombreux participants dans le processus : outre les enfants, quelques personnes âgées ou en situation de handicap ont participé au chantier. Cette capacité d'intégration est pour moi l'une des plus grandes qualités de la construction en terre.

Convaincre les habitants de Rudrapur de construire avec de la terre et du bambou fut au début assez difficile, et le projet a donné lieu à de très nombreuses discussions. Au Bangladesh, une école est un édifice prestigieux. Tout le monde voulait un bâtiment « digne de ce nom », c'est-à-dire en brique, car terre et bambou sont considérés comme les matériaux des pauvres. La possibilité pour leurs enfants de participer à la construction fut un facteur important dans l'adhésion des villageois.

Lorsqu'ils rentraient du chantier, les enfants étaient enthousiastes et parlaient fièrement de leur travail. Rapidement, leurs parents se sont impliqués à leur tour et ils se sont attachés au projet. À la fin, tous se sont approprié l'école de manière très naturelle.

La véritable émancipation, c'est être convaincu que tout ce dont vous avez besoin se trouve en vous et autour de vous.

Nous avons eu besoin de quatre mois pour édifier le socle en brique de terre cuite, le mur en bauge du rez-de-chaussée, puis le plancher et la structure de l'étage en bambou. Ensuite, après une période de séchage de quelques semaines, nous avons mis deux mois pour réaliser les finitions. Lorsque le moment tant attendu est arrivé et que l'école a enfin été achevée, nous étions tous très émus. Imaginez que vous êtes un enfant ou un travailleur journalier qui n'a jamais eu la chance d'aller à l'école, et un jour, vous vous tenez devant ce bâtiment que vous avez construit à partir de la terre qui est sous vos pieds, avec rien d'autre que vos propres mains. Cela suscite un énorme élan de confiance. Chacun a découvert ses propres capacités, l'avantage de travailler en équipe au sein d'une communauté et, bien sûr, le potentiel des matériaux locaux. Lors de l'inauguration de l'école METI, les travailleurs, auparavant considérés comme des manœuvres, ont reçu un certificat d'ouvrier spécialisé dans la construction en terre et en bambou. C'était le premier diplôme qu'ils recevaient de toute leur vie ! Certains l'ont affiché fièrement sur le mur de leur maison entre les posters de Rata, Krishna et Shah Rukh Khan.

Travailler sur ce projet m'a permis de tirer de nombreuses leçons décisives. Venant d'Allemagne, pays hautement industrialisé, je pensais au début, que je devais chercher à introduire une technologie parfaite dans le Bangladesh en voie de développement. Mais après tout le temps passé à Rudrapur, je me suis rendu compte qu'il est bien plus important d'établir des relations de confiance. La véritable émancipation, c'est être convaincu que tout ce dont vous avez besoin se trouve en vous et autour de vous.

Mon expérience formatrice avec l'école METI a confirmé ce que j'avais déjà appris au Bangladesh auparavant : à voir la beauté dans les choses ordinaires et à utiliser les talents uniques de chaque personne pour tirer le meilleur parti de ce qui est disponible à proximité. Cette stratégie de développement est pertinente quel que soit l'endroit du monde où l'on est né et où l'on travaille. Parfois, il est plus facile d'identifier quelque chose de spécial dans ce qui semble ordinaire quand on vient d'ailleurs, parce qu'on est curieux de tout et qu'on a un regard neuf pour déceler des différences qui semblent minimes, mais qui sont profondes. Les gens vous écoutent sans doute aussi un peu plus quand vous venez de l'étranger… Je m'en suis servi pour mettre l'accent sur des choses souvent négligées parce qu'elles font partie de la routine ou qu'elles sont considérées comme allant de soi.

Je n'aurais jamais imaginé qu'une petite école située dans un village reculé du Bangladesh recevrait autant d'attention, ni même qu'on en parlerait un jour ! Pourtant, elle a reçu le Aga Khan Award en 2007, avec un retour très positif du jury : « Le résultat final […] est un bâtiment qui crée pour un apprentissage collectif des espaces beaux, pertinents et humanistes, enrichissant ainsi la vie des enfants qu'il accueille. » Ce prix et ceux qui ont suivi m'ont permis de poursuivre mon chemin financièrement, mais aussi mentalement, car les membres de la communauté liée à ces récompenses m'ont apporté un soutien précieux. Je suis très reconnaissante pour chacun de ces prix : le Global Award for Sustainable Architecture, l'AR Emerging Architecture Award, le Philippa's Engel, le GEA Award et le Curry Stone Design Prize. Mais ce qui me rend vraiment fière, c'est de voir le bâtiment occupé par des enfants pleins d'énergie, heureux de s'instruire entre ces murs en terre. Ce n'est pas seulement l'architecture qui rend un bâtiment spécial, ce sont aussi tous les gens qui ont travaillé à sa réalisation et ceux qui l'utilisent en emplissant l'espace de vie et de joie. Je suis profondément reconnaissante à l'incroyable équipe bangladaise, allemande et autrichienne qui a rendu possible la création de l'école METI.

Le Aga Khan Award a la merveilleuse tradition de récompenser toutes les personnes impliquées dans le projet choisi et de répartir l'argent entre tous les acteurs. Les habitants de Rudrapur quittent rarement le village, sauf pour se rendre au temple ou au marché voisin. Lorsque nous avons remporté ce prix, la BBC a diffusé un documentaire sur l'école. Comme nous ne pouvions pas capter la BBC dans le village, nous avons loué un bus pour nous rendre à Dinajpur, la capitale régionale. Le trajet ne dure que quarante-cinq minutes, mais c'était la première fois que les deux ouvriers les plus âgés se rendaient au chef-lieu du canton. Certains ont eu le mal des transports sur les routes sinueuses, car ils n'étaient pas habitués. Lorsque nous sommes enfin arrivés, nous nous sommes tous assis devant la télévision, prêts pour le grand moment et très excités… mais il y a eu une coupure d'électricité ! Nous n'avions plus aucun moyen de regarder le documentaire. Cela n'a pas entamé notre bonne humeur. Nous avons dégusté un bon dîner, puis chanté et dansé dans le bus pendant tout le trajet de retour. •

UNE INTUITION CONSTRUITE
CENTRE DESI DE FORMATION POUR LES ÉLECTRICIENS

——— En démontrant la possibilité de construire en terre et en bambou selon des méthodes simples, dans la continuité de la tradition locale, l'école METI a servi d'exemple pour d'autres bâtiments au Bangladesh. Peu après son ouverture, j'ai commencé à concevoir un centre de formation professionnelle pour les électriciens baptisé DESI[14]. Commandé par le même client, il a été édifié près de l'école dans le village de Rudrapur. Sa forme est une interprétation des maisons vernaculaires. Dans les zones rurales du Bangladesh, les différentes fonctions domestiques (manger, dormir, se laver, etc.) sont généralement installées dans des bâtiments indépendants, disposés autour d'une cour centrale. Le centre DESI, quant à lui, tente d'intégrer toutes les fonctions de travail et d'habitat dans une seule enveloppe. La conception exprime un mode de vie qui n'est plus dépendant de l'agriculture, mais qui reste enraciné dans le contexte rural et dans sa culture.

14 Dipshikha Electrical Skill Improvement.

Le centre DESI abrite deux salles de classe, deux bureaux et deux logements pour les enseignants. Alors que les infrastructures de l'école METI sont dans un autre bâtiment, il dispose au rez-de-chaussée de sanitaires avec toilettes et lavabos pour les élèves, ainsi que d'une salle d'eau séparée avec deux douches et deux toilettes pour les enseignants. C'est probablement la première fois que des installations sanitaires modernes ont été construites dans une maison en terre au Bangladesh, et cela prouve que terre et bambou sont capables de répondre aux exigences de confort actuelles. Le bâtiment n'est pas raccordé au réseau électrique : il est alimenté par les panneaux solaires installés sur le toit. La terre peut être mise en œuvre sans employer d'autre énergie que celle des ouvriers ou de la force animale, mais elle ne peut pas produire d'électricité. C'est là que la haute technologie peut apporter des compléments utiles. Comme la conception du centre DESI valorise la masse thermique ainsi que la lumière et la ventilation naturelles, des panneaux photovoltaïques relativement petits peuvent fournir toute l'électricité nécessaire. Ils produisent entre autres l'énergie pour un moteur qui pompe l'eau du puits alimentant la réserve d'eau. L'eau

15 Façade est du centre DESI à Rudrapur, construit en 2008 avec de la terre et du bambou. (→ pages suivantes)

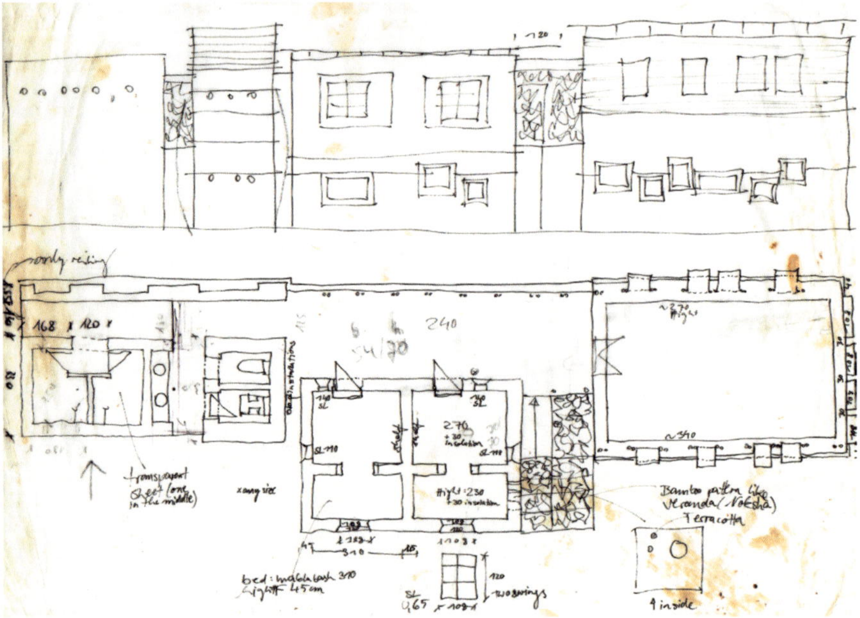

16

chaude est chauffée par des capteurs solaires thermiques. Les toilettes disposent de leur propre fosse septique à deux compartiments.

Ce projet sert de modèle à un habitat adapté au contexte des zones rurales du Bangladesh. Il offre un meilleur confort à la classe moyenne, à laquelle appartiennent les enseignants du centre DESI, tout en maintenant le mode de vie frugal traditionnel. Actuellement, lorsque leur situation financière s'améliore, la plupart des familles abandonnent leur ancienne maison en terre et bambou et s'installent dans une construction en brique, en métal ou en béton, car c'est un signe extérieur de richesse. À l'opposé de cette tendance, le centre DESI incarne une architecture saine, qui valorise l'artisanat. Au lieu de promouvoir la consommation de coûteux matériaux importés, il est fondé sur une amélioration des méthodes de construction traditionnelles. Alors qu'un mur de brique enduit de ciment est souvent synonyme d'un statut social plus élevé, il montre qu'un mur avec un cannage de bambou élaboré peut devenir un signe de prestige, faisant ainsi évoluer très naturellement l'identité locale.

Le centre DESI se distingue de l'école METI par la construction de deux niveaux en bauge au lieu de l'utilisation de terre pour le rez-de-chaussée et de bambou pour l'étage. Plusieurs raisons ont motivé ce choix : la terre est moins chère et plus pérenne que le bambou, tout en améliorant le confort thermique grâce à son inertie. Pour l'école METI, qui

16 Le centre DESI a été conçu de manière intuitive sur la base de ce type d'esquisse et de maquettes à l'échelle 1.

faisait partie de mon projet de diplôme, j'ai été assez obstinée, et j'ai refusé tout changement par rapport à mes dessins initiaux. Mais pour le centre DESI, c'est mon instinct qui a guidé la conception. Lorsque nous avons commencé, il n'y avait ni coupe ni façade, juste une esquisse du plan de l'étage. Il était fascinant pour moi de construire *in situ* de manière aussi intuitive. Je n'avais généralement qu'un jour d'avance sur la construction avec mes croquis, et de nombreuses décisions ont été prises spontanément sur le chantier avec des maquettes à l'échelle 1. Je pense que beaucoup de bâtiments ont été réalisés ainsi dans le passé.

La terre crue est un matériau très « conciliant ».

Le centre DESI est comme une sculpture géante. Dans une large mesure, la conception résulte des mains des artisans et, bien sûr, des caractéristiques du matériau. Ce type de conception oblige à mettre les mains dans la terre. Pendant la journée, je travaillais sur le chantier avec les ouvriers bangladais et les bénévoles européens, mais après 18 heures, je faisais des croquis pour garder une vue d'ensemble et orienter les décisions générales. Grâce à tout cela, le centre DESI est fortement ancré dans la compréhension locale de l'espace. Lorsque vous traversez le bâtiment, vous avez l'impression d'être dans un petit village. Nous avons perfectionné les techniques utilisées précédemment, comme le cannage en bambou du mur brise-soleil de la véranda. Nous avons également offert plus de confort aux usagers en installant des vitrages dans les ouvertures et en isolant le toit à l'aide de fibre de coco et d'argile.

Comme la plupart des décisions étaient prises sur le chantier, nous avons pu expérimenter beaucoup de nouvelles formes tout au long du processus. Cela laissait beaucoup de place à une créativité spontanée, et j'ai trouvé cela merveilleux. J'avais prévu, par exemple, des ouvertures à la géométrie rigoureuse, mais j'ai vu que l'un des ouvriers réalisait d'abord des jambages aux arêtes arrondies avant de les redresser pour obtenir un angle droit. La forme courbe était si magnifique que j'ai décidé que tous les encadrements de baie suivraient le même principe. Cette réactivité est impossible quand vous restez dans votre bureau et que vous vous contentez de vérifier les résultats de temps en temps. Ce n'est possible que si vous êtes sur place et si vous participez au processus. Je me sentais comme un chef d'orchestre lorsque je me tenais devant le bâtiment et que je disais aux ouvriers : « Cette fenêtre pourrait être un peu plus haute ! » Ou encore : « Un peu plus bas l'angle du toit, s'il vous plaît ! » Je savais instinctivement quand je pouvais me

17

dégager un peu du chantier et laisser les gens décider eux-mêmes, et quand je devais intervenir à nouveau et prendre la direction des opérations, par exemple en ce qui concerne les proportions. La terre crue est un matériau très « conciliant ». Elle est donc parfaitement adaptée à ce type de processus. Si vous souhaitez revenir sur une décision antérieure, il suffit d'humidifier la terre : elle redeviendra plastique et vous pourrez lui redonner une autre forme.

Il ne suffit pas de construire un bâtiment, l'essentiel est de renforcer les structures sociales.

Le centre DESI fut une merveilleuse expérience. Au lycée, puis à l'université, j'avais complètement perdu confiance dans mon intuition. Ce projet m'a apporté un immense soulagement, une véritable libération ! Réapprendre ensuite à suivre mon instinct m'a procuré une joie profonde. Depuis, je ne crains plus les blocages créatifs ni les obstacles à l'inspiration.

J'avais essayé de recruter des femmes pour le chantier de l'école METI, mais les hommes m'avaient dit que cela ne se faisait pas au Bangladesh. À l'époque, je l'avais accepté parce que nous avions déjà beaucoup d'autres choses à gérer. Lors de la construction du centre DESI, il y avait de très jolies étudiantes parmi les bénévoles étrangers, et certains ouvriers ont commencé à flirter. En me promenant dans le village, j'ai vu que les femmes nous lançaient des regards furieux et j'ai senti qu'il y avait des frictions. Bien sûr, je voulais éviter de causer des problèmes au sein des familles ! Je suis donc allée voir les épouses des ouvriers et je leur ai demandé si elles voulaient participer au chantier. Elles m'ont répondu qu'elles n'avaient pas l'habitude de faire des travaux de

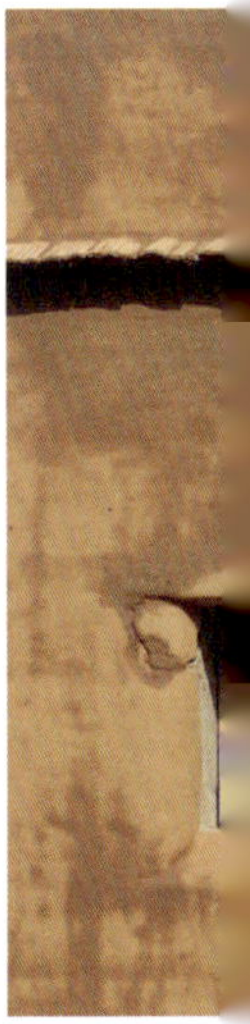

18

construction, mais j'avais vu des femmes réaliser l'enduit en terre de leurs maisons. Elles le font sans outils, juste avec leurs mains, et c'est magnifique parce que la surface devient très vivante. Les femmes des ouvriers se sont laissé convaincre. Nous avons convenu qu'elles commenceraient dès le lendemain, mais elles m'ont demandé de ne pas le dire à leurs maris. Le matin suivant, à 7 heures, les ouvriers sont arrivés sur le chantier. Quelques minutes plus tard, à leur grand étonnement, leurs épouses sont apparues. Au début, les hommes ont protesté, mais au bout de quelques jours, ils ont commencé à travailler côte à côte avec leurs propres femmes et à flirter avec elles. Le soir, ils faisaient la queue ensemble pour recevoir la même somme d'argent pour leur travail de la journée. Ensuite, nous allions ensemble dans le salon de thé, comme une grande équipe, et cela a créé une belle harmonie entre les familles. De plus en plus d'exemples le montrent : il ne suffit pas de construire un bâtiment, l'essentiel est de renforcer les structures sociales.

Dans le centre DESI, mon endroit favori est sans aucun doute la véranda de l'étage, et les habitants de Rudrapur partagent cette préférence. Ils y montent souvent pour profiter de la poésie de cet espace : l'ornementation apportée par le pare-soleil en cannage de bambou, l'ombre des feuilles sur le sol, les rayons colorés qui traversent les saris suspendus au plafond. Ils aiment la sensation d'être à l'extérieur tout en conservant un certain degré d'intimité. J'avais imaginé la véranda comme une interprétation des cours des maisons traditionnelles, et c'est exactement l'usage qu'elle a aujourd'hui. Lors des rassemblements communautaires, elle devient une cuisine. À d'autres moments, c'est un lieu de méditation ou un espace de travail. Et pour les élèves du centre DESI, c'est une salle de sport. En Europe, nous construisons de grands salons à l'intérieur et de petits balcons à l'extérieur. Au Bangladesh, c'est le contraire. En raison de la chaleur, les gens passent la plupart de leur temps dehors. Ils ont donc un petit espace intérieur intime et un grand espace extérieur. •

17 Dans la véranda du centre DESI, la lumière passant à travers les saris colorés crée une atmosphère chaleureuse. 18 Des femmes enduisent la façade du centre DESI d'argile rouge et de balle de riz.

HABITAT, AGRICULTURE ET BIODIVERSITÉ

homeMADE, MAISONS FAITES À LA MAIN POUR DES FAMILLES DE PAYSANS

——Pendant la construction du centre DESI, j'ai reçu une commande pour réaliser trois maisons destinées à des familles de paysans du village. C'était une excellente occasion d'impliquer des étudiants et de jeunes architectes. Huit d'entre eux venaient de l'université BRAC[15] de Dhaka, avec leur professeur, Khondaker Hasibul Kabir[16], et cinq de BASEhabitat, un département de l'université d'art et de design de Linz dédié à l'architecture sociale et écologique. Le centre DESI comprenait déjà des logements pour les enseignants, mais son échelle est tellement différente de celle d'une maison qu'il était difficile pour les villageois de transposer ces principes à leurs habitations. Nous avions besoin d'exemples inspirés de l'architecture traditionnelle, mais offrant le confort moderne auquel les familles aspirent.

[15] Bangladesh Rural Advancement Committee

[16] Khondaker Hasibul Kabir a reçu le Aga Khan Award en 2022.

Le plus ancien bâtiment de la région de Rudrapur est un temple hindou construit en brique de terre cuite et orné de divinités modelées dans la terre crue. Certaines tribus adivasis locales, dont les Shantals et les Uraos, ont créé de magnifiques structures vieilles de plus de cent ans, avec deux niveaux et une ornementation soignée. Mais ces exemples historiques sont rares. Depuis des siècles, les paysans habitent dans de simples maisons en terre crue qui sont démolies quand elles ne remplissent plus leur fonction. Le matériau, probablement déjà utilisé pour d'autres bâtiments auparavant, est alors humidifié pour monter de nouveaux murs.

À Rudrapur, la plupart des maisons en terre sont réalisées de manière très rudimentaire, sans fondations ni protection contre l'humidité. Elles nécessitent un entretien régulier, sont susceptibles d'être endommagées et ne durent en moyenne que vingt ou trente ans. C'est l'une des raisons pour lesquelles les constructions traditionnelles sont en train de disparaître. Terre, bambou et paille sont peu à peu remplacés par la brique et le métal. La version bon marché est la « maison en tôle », faite de plaques de métal ondulé ; la plus chère est la maison en brique, enduite avec du ciment. C'est le rêve de la plupart des familles bangladaises.

Pour l'école METI, l'utilisation de la terre et du bambou a fonctionné parce que j'appartenais à la communauté. Les habitants de Rudrapur n'avaient jamais vu d'architecture en terre vraiment bien construite, mais ils me faisaient confiance et voulaient me faire plaisir. En revanche, pour le centre DESI, c'est l'ONG Dipshikha qui a pris la décision de réaliser le bâtiment en terre et en bambou, et l'adhésion de mes partenaires bangladais m'a rendue très heureuse. Les médias et la publicité bombardent les gens d'images de bâtiments en brique et en béton, et vantent constamment ces « merveilleux matériaux ». La compétition n'est pas équitable ! Dans certaines situations, je pense qu'il est nécessaire de construire un projet pilote qui ne correspond pas exactement à ce que la communauté et les clients avaient imaginé. Et c'est aussi vrai en Allemagne qu'au Bangladesh ! Il n'existe pas assez d'exemples contemporains capables de donner confiance aux gens et de les convaincre de vivre dans des bâtiments en terre. J'attends avec impatience le jour où nous verrons Kim Kardashian ou Priyanka Chopra sortir d'une luxueuse villa en pisé !

Je respecte énormément le désir d'un client d'avoir un bâtiment dont il peut être fier. La terre est généralement considérée comme « sale », et n'est pas reconnue comme un « vrai » matériau de construction. C'est pourquoi il est si important d'apporter beaucoup de soin à la conception, à la qualité artisanale et à un certain raffinement. Au final, c'est la beauté qui convainc vraiment les gens. J'ai reçu des commentaires très positifs de la part d'architectes bangladais. Certains m'ont dit qu'avant l'achèvement de l'école METI, ils ne voyaient dans la terre qu'une solution temporaire. La considérer comme l'égale de la brique ou du béton était nouveau pour eux.

Le mode de vie auquel sont contraintes les familles disposant de peu de moyens est écologique par nature, en particulier dans les pays en développement. Mais le passage du statut de foyer à faible revenu à celui de classe moyenne entraîne un basculement. Avec l'augmentation des ressources financières, le niveau de vie passe de la suffisance à la consommation. Ce qui est inhabituel ou exotique attire alors beaucoup plus l'attention que ce qui est local. Ceux qui en ont les moyens aspirent à un mode de vie occidental. Les tentatives d'interprétation des cultures constructives vernaculaires ou des modes de vie locaux sont rares. Le modèle économique éprouvé – tirer le meilleur parti des ressources existantes – est remplacé par l'importation et la consommation de matériaux produits à l'étranger. En conséquence, l'argent coule à flots sur les marchés mondiaux. Dans le secteur de la construction, cette

19

tendance se traduit surtout par l'utilisation de matériaux industriels. Au lieu de mettre en œuvre la boue tirée du site, les gens achètent des briques et du ciment qu'il faut transporter sur de longues distances. Et au lieu de profiter de la régulation hygrothermique naturelle apportée par d'épais murs en terre, ils installent des climatiseurs…

HOMEmade propose une alternative pour l'habitat rural. Les étudiants des deux universités ont donc conçu trois maisons pour des paysans de Rudrapur, puis les ont construites avec les familles et des ouvriers formés sur le chantier de l'école METI. Le budget et les matériaux disponibles étant limités, ils ont dû se concentrer sur les besoins fondamentaux des clients et trouver des solutions astucieuses. Cela a poussé la conception vers un niveau encore inédit : au sens propre, car les maisons ont un étage, et au sens figuré, car cela a rendu un habitat de meilleure qualité accessible pour la population rurale. Nous avons amélioré le confort, l'intimité, la sécurité et la pérennité. Mais le changement le plus important a été l'ajout du second niveau : cela a doublé l'espace de vie disponible pour la famille avec la même emprise au sol. Le terrain ainsi économisé est devenu un petit potager, ce qui a augmenté la biocapacité et la production alimentaire.

Bien que le Bangladesh soit l'un des pays les plus densément peuplés au monde, les habitants des zones non urbaines construisent généralement des maisons de plain-pied. De nombreuses terres agricoles sont ainsi utilisées pour l'habitat. Lorsqu'un père a deux fils, ses biens sont divisés en deux après sa mort. Si ses fils ont des fils, ce qu'ils possèdent est à nouveau divisé entre eux, et chacun souhaite généralement construire sa propre maison. En conséquence, il reste de moins en moins de terres pour produire de la nourriture. Par ailleurs, il n'y a pas beaucoup de possibilités d'emploi en dehors de l'agriculture dans les zones rurales. C'est l'une des raisons pour lesquelles de nombreux Bangladais doivent quitter les villages comme Rudrapur et aller chercher du travail dans les villes où ils deviennent conducteurs de pousse-pousse ou vendeurs ambulants.

Construire une maison de deux niveaux pour préserver des terres agricoles est un petit geste qui pourrait avoir un effet très important et contribuer à une réduction de la pénurie alimentaire à laquelle le pays est confronté. Et même quand les maisons ont un étage, les familles peuvent facilement les construire sans avoir recours à un échafaudage sophistiqué ni à une grue. Ce parti pris architectural pourrait contribuer de manière significative au développement de principes écolo-

19 La maison Hemonto, construite en 2007 à Rudrapur, a une véranda qui s'ouvre sur une cour intérieure.

gîques au Bangladesh, en favorisant un nouveau mode de vie rural autosuffisant et une revalorisation des cultures constructives. À contre-courant de la tendance à l'exode vers les mégapoles, cela faciliterait le maintien des individus et des communautés dans les campagnes, tout en limitant l'empreinte écologique.

20

Avec le projet HOMEmade, je voulais montrer que la différence entre la maison d'une famille modeste et celle d'une famille plus riche ne devrait pas se traduire par un changement de matériaux, mais plutôt par une conception plus subtile et un niveau de détail et d'ornementation plus élevé. Un plus grand raffinement en matière de design et d'artisanat devrait être le nouveau symbole de statut social pour la maison d'une famille de la classe moyenne. C'est une évolution souhaitable, et j'espère qu'elle inspirera d'autres familles. Lorsque la paroi à croisillons de la véranda a été terminée, certains villageois nous ont dit que le centre DESI ressemblait à un château. Mais cette paroi n'est faite que de bambou – qu'ils peuvent facilement s'offrir – et ils sont capables de reproduire de leurs propres mains le motif de cannage. Éveiller leur créativité peut aider les gens à atteindre leurs objectifs et à réaliser leurs rêves d'une manière différente de celle qu'ils avaient imaginée.

Dans le centre DESI, la paroi en bambou est un brise-soleil, mais dans les maisons, elle se trouve parfois devant les murs de terre et n'a donc aucune fonction d'ombrage : c'est purement décoratif ! Mais les clients aimaient beaucoup le motif et voulaient absolument qu'il orne leur maison. C'est un choix qui vient des étudiants et des familles. Je ne suis pas intervenue parce qu'ils y tenaient beaucoup et que cela ne générait pas d'émissions de carbone supplémentaires. C'est comme porter un bijou, juste parce qu'il est beau. Cela devrait être une raison suffisante. Je ne comprends pas le purisme que nous, les Occidentaux – surtout les architectes –, appliquons à tout ! Le design est devenu une affaire terriblement sérieuse. Dans l'essai *Ornement et crime* qu'il a publié en 1908, l'architecte moderniste autrichien Adolf Loos encourageait déjà un « purisme esthétique radical[17] ». Depuis, sa devise « l'ornement est

(17) Adolf Loos. *Ornement et crime*, Paris, Rivages Poche – Petite Bibliothèque, 2015

un crime» est restée gravée dans l'esprit de plusieurs générations d'architectes. Pour moi, l'ornement n'est absolument pas un crime. L'ornement, c'est la joie! L'ornement, c'est la dignité! Lorsque nous observons les enfants, nous constatons que le besoin de décorer les choses de manière ludique est inhérent à la nature humaine. Et cette qualité ne nécessite pas plus d'argent, il suffit d'y consacrer plus de temps et plus d'énergie... et de laisser libre cours à sa créativité!

L'école METI venait de remporter de nombreux prix quand soudain, en 2008, j'ai reçu un appel du directeur, Prodip Tigga: «Anna, nous avons un énorme problème! Il y a une attaque massive d'insectes sur les bambous.» J'ai immédiatement ressenti un stress extrême, physiquement, dans mon corps. Pour un architecte, la première construction est toujours très spéciale, comme une partie de soi-même, comme son enfant. Je ne pouvais ni manger ni dormir, et j'ai immédiatement réservé un billet d'avion pour le Bangladesh. La pérennité des bâtiments a toujours été très importante pour moi, et j'étais vraiment paniquée. Mais quand je suis arrivée à Rudrapur, les ouvriers étaient tout à fait détendus. Entre-temps, ils avaient construit le centre DESI et avaient acquis beaucoup d'expérience. Ils m'ont rassurée: «Anna, calme-toi! Nous avons construit la structure une première fois. Nous l'avons fait une deuxième fois avec DESI. Nous savons maintenant comment faire. Nous allons simplement démonter la charpente et remplacer le bambou. Ce n'est pas grave, c'est la vie.»

Lorsque nous avons construit l'école METI, je ne connaissais rien au bambou. J'ai trouvé très belles les tiges vertes que les agriculteurs apportaient sur le chantier, et elles ont été mises en œuvre. C'était une erreur! À l'époque, je ne savais pas que le bambou vert n'était pas mûr et qu'il contenait beaucoup de sucre et d'amidon, ce qui fait le bonheur des insectes. Mais qu'est-ce qu'une Bavaroise sait du bambou?

Lorsque je suis revenue à Rudrapur et que j'ai vu le bâtiment, il était évident que la structure ne pouvait pas être sauvée. Nous devions refaire tout l'étage. Mes premières pensées ont été: «Oh, mon Dieu! Nous avons besoin d'experts! Comment démonter cette structure sans grue ni échafaudage?» J'imaginais déjà que je devrais trouver, une fois de plus, des ingénieurs et des charpentiers européens bénévoles et les faire venir au Bangladesh pour réparer le bâtiment. Mais cela n'a pas été nécessaire. J'ai alors fait l'expérience d'une véritable différence culturelle

20 La cage d'escalier de la maison Hemonto offre une vue sur le village.

dans l'attitude des villageois à l'égard de la déliquescence, et ce fut l'un des apprentissages décisifs de ma carrière.

Pour moi, la destruction de la structure en bambou était un désastre inacceptable ; pour les ouvriers, c'était dans l'ordre des choses. La majorité des habitants de la région de Rudrapur sont hindous. Naissance, mort, renaissance… cette circularité est profondément ancrée dans leur culture. En accord avec leurs croyances, les artisans du bambou sont fatalistes. Face à la destruction de la structure, ils étaient surtout heureux de pouvoir travailler à nouveau, de gagner de l'argent et de pouvoir ainsi soutenir leurs familles. Tout ce dont ils avaient besoin, c'était de bambou. Je les ai donc aidés à en trouver, puis j'ai repris l'avion pour l'Allemagne.

21

Lorsque je suis revenue six mois plus tard, l'école METI avait le même aspect qu'auparavant, et on ne peut vraiment pas voir de différence avec l'original. Plusieurs membres de la première équipe sont malheureusement décédés au cours des dernières années, mais pendant la reconstruction, ils ont formé de nouveaux ouvriers avant d'être trop âgés pour travailler sur les chantiers. Ce qui me semblait une catastrophe a donc permis de transmettre des savoir-faire à une nouvelle génération. Depuis 2004, nous avons formé une cinquantaine d'ouvriers à Rudrapur. C'est une autre vision de la pérennité : au lieu de choisir une structure rigide avec les matériaux considérés comme inaltérables, nous nous sommes appuyés sur une philosophie régénératrice. En fait, même le béton a une date de péremption ! Sa rigidité entrave l'adaptation à de nouveaux besoins et il est difficile de le réparer.

L'architecture pour le développement consiste à laisser derrière soi non pas des déchets, mais des compétences constructives.

Le bambou pousse très rapidement et il est facile à récolter. Nous avons donc décidé d'acheter un terrain et d'y planter du bambou, afin de disposer de réserves suffisantes pour d'éventuels besoins futurs. Quant à la terre, elle se recycle autant de fois que l'on veut, sans perte de qualité. Lorsqu'elle n'est pas « stabilisée » avec de la chaux ou du ciment, il n'y a pas de *downcycling*, c'est-à-dire de déclassement du matériau. Avant cette expérience, je pensais que la pérennité était essentielle. Depuis, je crois que l'architecture pour le développement consiste à laisser derrière soi non pas des déchets, mais des compétences constructives. La

22

pérennité des savoir-faire artisanaux est bien plus importante que celle des matériaux.

Pour tirer le meilleur parti des ressources locales, la transmission des connaissances est primordiale. On ne peut pas construire un bâtiment que personne n'est capable de réparer, puis repartir en l'abandonnant. Il deviendrait un problème pour la communauté dès qu'il ne serait plus utile. Et il est impossible de prévoir l'évolution de la demande. Il arrive si souvent que des bâtiments publics ou privés ne répondent plus aux besoins après quelques décennies, voire quelques années. Ils sont alors démolis ou rénovés à des coûts encore plus élevés que ceux de la construction d'origine. La matérialité construite peut créer beaucoup de déchets et devenir un fardeau. Nous devons au contraire laisser suffisamment de ressources naturelles aux générations futures, afin qu'elles puissent construire en fonction de leurs propres besoins sans être limitées par nos actions. Si un bâtiment est vraiment utile et sert la société, il sera conservé en bon état. L'entretien des bâtiments permet aussi la transmission des savoir-faire.

La reconstruction de l'étage de l'école METI fut une expérience déterminante. La plupart des architectes imaginent que leurs bâtiments

21 Détail d'une des fenêtres de la maison Rahini, construite en 2007 à Rudrapur. 22 Façade est de la maison Rahini.

seront éternels – mais tout meurt un jour ! Construire de manière vraiment durable signifie le faire en harmonie avec la nature. Et la mort – comme la naissance – est inhérente au vivant. Tout comme le compost est la base de la croissance de nouvelles plantes ! Dans les sociétés occidentales, la décomposition, le vieillissement, la maladie et l'imperfection sont souvent des sujets tabous, mais les artisans du bambou de Rudrapur, et tous mes amis du Bangladesh, m'ont appris que la mort fait partie de la vie. Je leur suis très reconnaissante de m'avoir initiée à cette nouvelle perspective.

Derrière notre consommation excessive de ressources se cache la peur du déclin et de la mort.

Selon la tradition hindoue, il faut accepter d'abandonner les choses matérielles. La dissolution des statuettes en argile de Ganesh dans un cours d'eau une fois par an en est un symbole tangible. Les hindous de Rudrapur façonnent leur idole de leurs mains, avec de la boue et un peu de paille, avant de les peindre de motifs raffinés. Pour eux, refaire ces gestes chaque année n'est pas une corvée, mais un rite de dévotion. Dans la culture catholique bavaroise dont je suis issue, nous voulons conserver nos idoles pour toujours et nous les fabriquons avec les matériaux les plus pérennes et les plus coûteux : l'or, l'argent, le marbre et les pierres précieuses. Les pays du Sud global ont beaucoup à nous enseigner sur l'acceptation de la vulnérabilité et la manière de surmonter nos angoisses. Car c'est la peur qui nous pousse à utiliser dans nos structures beaucoup plus de ciment, mais aussi beaucoup plus d'acier, d'adjuvants, de colle et de produits chimiques que nécessaire. Il serait plus raisonnable de concevoir des bâtiments décomposables et de prévoir pour chacun un « plan de déconstruction ». Derrière notre consommation excessive de ressources se cache la peur du déclin et de la mort.

L'acceptation de la vulnérabilité est pour moi une grande source d'inspiration. En raison des imperfections inhérentes aux matériaux naturels, et en particulier à la terre, nous devons créer un langage architectural spécifique à chaque lieu. C'est ce qui fait l'authenticité d'un bâtiment. On ne construit pas de la même manière dans une zone aride et dans une région où il pleut beaucoup. Si l'on tient compte du climat local et si l'on accepte les limites d'un matériau, on crée une architecture singulière, qui ne cherche pas à s'imposer et se déploie simplement dans son environnement. Le résultat est plus proche de la création organique enseignée par la nature que n'importe quelle innovation imposée. Rayonnant d'une beauté simple et légère, il est capable de toucher les gens très profondément. •

ÉMANCIPATION DES FEMMES
DIPDII TEXTILES

——— En plus de mes activités d'architecte, j'ai lancé en 2015 un projet intitulé Dipdii Textiles pour donner à des femmes les moyens de gagner leur vie avec des travaux d'aiguille. *Dipdii* signifie « les sœurs de Dipshikha », et le projet crée une solidarité entre des couturières bangladaises, des couturières allemandes et leurs clientes et clients en Europe. Ce projet est le fruit de l'enchaînement de plusieurs coïncidences. Il a commencé par un atelier organisé par la *Deutsche Gesellschaft für Internationale Zusammenarbeit*[18] (GIZ) sur la manière de rendre plus écologiques les immeubles du secteur bangladais du vêtement. Les architectes qui ont été réunis formaient une excellente équipe, mais j'ai eu la conviction qu'il ne suffisait pas d'améliorer la conception des usines pour résoudre le véritable problème : l'exploitation de la main-d'œuvre dans l'industrie de l'habillement.

[18] Association allemande pour la coopération internationale [NdT].

Pour moi, la question essentielle est la centralisation des lieux de production de masse et ses conséquences : l'exode rural, les problèmes sociaux et un mode de vie de moins en moins écologique. L'architecture ne me semblait pas l'outil approprié pour résoudre ce type de problème, mais je tenais à faire quelque chose qui pourrait apporter un début de solution. J'ai donc suivi la même recette simple que pour mes projets d'architecture : j'ai analysé les ressources disponibles. L'ONG Dipshikha organisait déjà tous les deux ou trois mois des ateliers pour former à la couture des femmes qui avaient besoin d'un emploi. J'ai fait moi-même un apprentissage auprès de Veronika Lang, une amie de ma ville natale qui est styliste et maître-couturière, avant de fonder Dipdii Textiles avec elle et Dipshikha.

Depuis mon arrivée au Bangladesh, j'étais amoureuse des couvertures traditionnelles en saris de coton recyclés. Après de nombreuses années, je savais enfin comment faire preuve de créativité avec ces couvertures ! Le tissu des chemisiers et des vestes de Dipdii Textiles est donc issu de l'art textile traditionnel. Dans les zones rurales du Bangladesh, la famille offre généralement à chaque femme un sari par an, à l'occasion de la principale fête musulmane ou hindoue. L'homme, lui, reçoit un *longhi*, un pan de tissu qui couvre le bas du corps à partir de la taille. Lorsque les saris et les *longhis* sont usés, ils sont transformés en couvertures : cinq à sept couches de ces bandes de tissu sont surpiquées à l'aide de centaines de points cousus à la main. Au fil des ans et selon leur utilisation, certaines parties des couches supérieures de la couverture se détachent et les strates inférieures sont révélées. Texturée et vibrante, la surface révèle ainsi une empreinte du cosmos familial.

Dipdii Textiles réunit toutes mes passions : la participation à un projet de développement, le soutien à l'émancipation des femmes et le design. C'est bien plus qu'une marque de vêtements issus du commerce équitable ! Offrir aux femmes de Rudrapur un travail qui a du sens est en fait un moyen de lutter contre l'exode rural. Je n'ai jamais eu l'intention de créer une marque de mode ni de concevoir des vêtements. Mais rien ne façonne autant les schémas de peuplement du Bangladesh que le secteur de l'habillement. Les ouvriers, en particulier les femmes, affluent de tout le pays vers les métropoles pour fournir de la main-d'œuvre à l'industrie textile. D'un côté, les centres de production sont totalement surpeuplés et les conditions de travail y sont misérables ; de l'autre, les possibilités d'emploi sont rares à la campagne, mais la vie y est beaucoup plus naturelle et écologique.

Avec l'architecture, il faut apporter des réponses ; avec l'art, on peut poser des questions.

La majorité des Bangladais vivent dans des zones rurales. Rudrapur, qui est représentatif de la situation de nombreux villages à travers le pays, montre que les gens sont capables de construire leur habitat par leurs propres moyens, avec de la terre et du bambou locaux. Les habitants produisent également leur propre nourriture et de nombreux biens de consommation courante. Les hameaux se sont développés au fil des générations, et les réseaux sociaux sont solides. Les femmes se sentent à l'aise à l'extérieur, les enfants s'épanouissent dans leur village, et les champs qui l'entourent constituent un terrain de jeu fantastique et sans danger. Les personnes âgées surveillent les chèvres et discutent sous un arbre. Les villageois jouissent ainsi d'une grande liberté. Malheureusement, en raison du manque d'emplois, beaucoup doivent quitter leur famille pour s'installer dans les centres urbains, où ils vivent dans de petites chambres en location. Les enfants passent leurs journées dans des espaces surpeuplés, et tout

est plus coûteux que dans leur village : l'eau, la nourriture, les soins, le transport. En outre, les femmes ne se sentent généralement pas en sécurité dans les espaces publics urbains.

Une partie des fonds de développement étrangers est utilisée pour former à la couture les femmes vivant dans les zones rurales. Il y a donc souvent trop de couturières dans un même village, et cela contribue à leur migration vers les villes où elles produisent dans des usines des vêtements bas de gamme pour les habitants des pays industrialisés. J'ai du mal à y voir un quelconque « développement » ! Les articles bon marché vendus en Europe ne sont portés que deux ou trois fois avant d'être envoyés dans des pays comme le Ghana, où ils font concurrence aux producteurs locaux et créent des montagnes de déchets. Avec Dipdii Textiles, nous renversons cette tendance en important en l'Allemagne de vieux vêtements du Bangladesh transcendés. Au lieu d'utiliser de nouvelles ressources, nous perpétuons la culture locale en ajoutant une phase de design et d'artisanat, afin de créer des vêtements absolument uniques, confectionnés dans le village. Depuis 2020, les couturières sont installées dans l'atelier situé à l'étage d'Anandaloy, le dernier bâtiment que nous avons réalisé à Rudrapur[19]. Elles y travaillent dans des conditions très agréables, avec un éclairage naturel ou des lampes alimentées par de l'énergie solaire. Elles peuvent rester dans leur propre maison, s'occuper de leur jardin et de leurs enfants, qui grandissent ainsi dans un environnement sain.

[19] Ce bâtiment, dont e rez-de-chaussée brite un centre pour les ersonnes en situation e handicap, est décrit page 70.

Un jour, à l'aéroport de Dhaka, une femme qui faisait le ménage a éclaté de rire en me voyant porter un chemisier Dipdii. Elle m'a montré du doigt en disant à sa collègue : « Regarde, cette étrangère porte nos saris déchirés ! » J'ai répondu en bengali : « N'est-ce pas magnifique ? » C'était vraiment très drôle ! Cela fait émerger une question fondamentale : Comment valorisons-nous la culture quotidienne ? Pour les habitants des pays industrialisés, Dipdii Textiles peut être une source d'inspiration de diverses manières : développement du recyclage et de la réparation des objets, sensibilisation à la manière dont nous utilisons les ressources existantes, etc. Il y a tant de beauté dans ce qui est fait à la main et dans ce qui a déjà vécu… La beauté n'est pas le privilège des riches.

Avec Dipdii Textiles, j'ai trouvé un moyen supplémentaire de contribuer à l'émancipation des femmes. Lorsque je me rendais au Bangladesh avec des dons, j'éprouvais toujours un malaise. En Europe, je devais quasiment mendier l'argent, ce qui n'est pas agréable. Et à Rudrapur, j'étais considérée comme une bienfaitrice, ce qui était encore bien

23 En 2018, les couturières de Dipdii Textiles ont brodé la façade de l'école METI sur une couverture en saris.

pire, car cela renforçait entre les villageois et moi une inégalité fondée sur l'injustice. Aujourd'hui, lorsque j'envoie le produit des ventes aux couturières, c'est de l'argent qu'elles ont gagné pour les magnifiques vêtements artisanaux qu'elles ont confectionnés et que j'aime porter moi-même. L'échange est équitable.

Actuellement, environ vingt-cinq femmes bangladaises peuvent nourrir leur famille grâce à Dipdii Textiles. Nous ne produisons pas seulement des vêtements, mais aussi de l'art textile. Cela s'est fait tout naturellement. Comme nous n'arrivions pas à vendre assez de vestes et de chemisiers pour pérenniser le projet, nous avons commencé à reproduire sur des couvertures en saris, sous forme de broderies, les plans et les façades des bâtiments que j'ai réalisés à Rudrapur. Les couturières les connaissent bien : ils se trouvent tous à proximité de leur atelier. Cela a généré de nouvelles opportunités. En 2018, nous avons présenté le projet Dipdii Textiles et plusieurs tentures brodées dans le cadre de la seizième Biennale d'architecture de Venise intitulée « Freespace ». Depuis, nous avons organisé de nombreuses expositions internationales et reçu plusieurs prix. Avec l'architecture, il faut apporter des réponses ; avec l'art, on peut poser des questions.

Avec Dipdii Textiles, l'outil qui permet d'améliorer la vie n'est pas l'architecture, mais l'artisanat d'art textile. Le projet prouve, une fois de plus, qu'il suffit de trouver le moyen de faire un premier pas qui semble juste. Ensuite, le chemin se dessine et les portes s'ouvrent les unes après les autres. Je suis particulièrement heureuse que nos textiles contiennent également un message important. Ils remettent en question les pratiques économiques communément admises. Ils contestent les stratégies publicitaires qui nous induisent en erreur en nous faisant croire qu'une « belle vie » ne peut venir que de la consommation de produits neufs. Au contraire, un tissu déjà utilisé deux fois peut devenir quelque chose de très précieux. Comme pour mon architecture, Dipdii Textiles marie la revalorisation de traditions et de ressources locales avec une créativité aux inspirations contemporaines et internationales. Le résultat est une œuvre absolument unique, qui s'inscrit dans une longue histoire. Lorsqu'on enfile un vêtement, je pense qu'on peut sentir s'il est le résultat de l'exploitation des personnes qui l'ont réalisé ou si les couturières y ont travaillé avec joie et fierté. Aujourd'hui, nous collaborons avec Elke Burmeister et d'autres stylistes allemandes. Les conséquences de la *fast fashion*[20] et de la production industrielle de vêtements bon marché sont aussi sensibles ici, et nous voulons également renforcer l'artisanat dans notre région. •

[20] « mode rapide » [NdT].

24 Molika (à gauche) et Shopna (à droite), couturières de Dipdii Textiles, travaillant sur leur broderie, en 2023.

VISIONS D'AVENIR
CONSTRUIRE EN TERRE DANS LES CAMPS DE RÉFUGIÉS ROHINGYAS

——— Le textile est devenu pour moi un autre moyen d'expression artistique. En 2018, j'ai eu l'occasion de me rendre à deux reprises dans le camp rohingya de Kutupalong[21], au Bangladesh. En 2023, environ 880 000 personnes étaient rassemblées dans ce qui est considéré comme le plus grand camp de réfugiés du monde J'y suis allée une première fois au printemps avec l'ONG Love Army et j'y suis retournée à l'automne avec un groupe d'étudiants de la Harvard Graduate School of Design (GSD). Il a été douloureux pour moi de découvrir à quel point les conditions de vie des femmes étaient épouvantables. Elles nous ont expliqué qu'elles n'étaient pas autorisées à sortir de la tente plus d'une vingtaine de minutes par jour, un délai qui leur suffit à peine pour aller aux latrines publiques, car elles ne disposent pas de toilettes dans leurs abris. Elles passent donc tout leur temps dans un endroit qui sent toujours très fort le plastique, sous une chaleur étouffante. Par ailleurs, ces femmes n'ont jamais l'occasion d'évoquer ensemble les épreuves douloureuses qu'elles ont endurées pendant le génocide au Myanmar. Nombre d'entre elles ont été violées, ont assisté à des meurtres, ou ont été impliquées dans d'autres évènements extrêmement traumatisants. Quand j'ai visité le camp, leur refuge ressemblait à une prison, car après l'âge de douze ans, elles n'étaient plus autorisées à en sortir. On ne voyait pratiquement jamais de femmes ni d'adolescentes se promener dans le camp, seulement des garçons et des hommes.

[21] www.wfpusa.org/articles/hunger-largest-refugee-camps-world/ (29.4.2024).

La terre est le matériau idéal pour les camps de réfugiés.

Avec l'ONG Obat Helpers[22], notre partenaire sur place, nous avons pu initier un petit projet tissant des liens entre les femmes rohingyas et nos couturières de Dipdii Textiles. Nous avons d'abord demandé aux enfants du camp de dessiner la maison de leurs rêves. Puis nous avons reproduit leurs dessins sur les couvertures de la communauté d'accueil des Bangladais. Les couturières et brodeuses de Rudrapur ont ensuite préparé des modèles pour déterminer l'emplacement de chaque couleur et de chaque motif. Ces tentures ont été apportées au camp, et les femmes rohingyas ont pu se réunir dans un centre communautaire

[22] www.obathelpers.or (29.4.2024).

25 En 2019, nous avons mis sur pied une collaboration entre les couturières de Dipdii Textiles et des femmes rohingyas vivant dans le camp de réfugiés de Kutupalong (Bangladesh). Des citations de ces femmes ont été brodées sur des couvertures en saris.

pour terminer le travail. Nous leur avons ainsi apporté une aide financière, mais le plus important pour elles était de pouvoir sortir de leur tente et de passer du temps ensemble. Ce projet leur a offert la possibilité de se raconter les traumatismes qu'elles ont subis et ainsi de se soutenir mutuellement. Deux de mes anciens assistants de la Harvard GSD, Shaowen Zhang et Tommy Scharperkotter, sont retournés au camp de Kutupalong en 2019 pour poursuivre les recherches et recueillir le témoignage des femmes impliquées dans le projet. Certaines de leurs paroles ont été brodées sur des couvertures en saris, par exemple : « Nous ne faisons rien par plaisir. Nous passons notre temps assises ou endormies. Si nous tentions quoi que ce soit, surtout dans l'espace public, nous serions scrutées de près. » Avec ce projet, nous voulons donner une voix à ces femmes pour qu'elles ne soient plus les oubliées de cette crise humanitaire.

Les Rohingyas ne viennent pas d'une région où l'on construit traditionnellement en terre, mais le camp a littéralement été édifié sur des collines constituées de ce matériau de construction. Lorsque nous étions sur place, nous avons demandé aux gens que nous avons rencontrés : « Pourriez-vous imaginer de construire des maisons en terre ? » Ils se sont d'abord montrés méfiants à l'égard de cette idée. Mais nous leur avons montré le livre sur Didi Contractor[23] et les photos de ses magnifiques maisons en terre. Les enfants ont tout de suite été séduits par l'idée qu'ils pourraient un jour avoir une vraie maison « en dur ». Et pas seulement les enfants ! Au début, l'avis des adultes interrogés était clair : « Nous ne voulons pas vivre dans une maison en terre ! » Mais après avoir vu les photos, ils sont devenus très enthousiastes et les idées ont fusé : « Est-ce que c'est vraiment construit en terre ? Il y en a partout dans le camp. Nous pourrions apprendre à construire avec ! »

[23] Joginder Singh. *An Adobe Revival – Didi Contractor's Architecture* [Une renaissance de l'adobe – L'architecture de Didi Contractor]. Immaterial Publications, 2018.

25

J'adorerais m'impliquer davantage dans l'amélioration des camps de réfugiés, et partager mes connaissances sur la construction en terre, un matériau sur lequel les gens sont littéralement assis. Je rêve de changer la stratégie qui consiste à transporter dans ces camps des matériaux industriels produits très loin, alors que la terre est déjà sur place. Transformer la boue en matériau de construction nécessite de l'énergie humaine et beaucoup de mains. Et les deux sont disponibles en grande quantité à Kutupalong !

La culture peut être un outil contre le fondamentalisme religieux.

Normalement, il n'est pas permis d'établir des structures permanentes dans les camps de réfugiés, ce qui rend le travail avec la terre encore plus intéressant. On peut construire avec elle et l'entretenir pour qu'elle soit pérenne. Mais comme elle est soluble dans l'eau, elle peut aussi, quand on l'a décidé, se refondre avec le sol sans laisser de cicatrices. La terre est le matériau idéal pour les camps de réfugiés. Dans ce contexte, les qualités acoustiques et la résistance au feu sont particulièrement importantes. Elles permettent une densité plus élevée et offrent un potentiel d'expansion verticale. Je voudrais également travailler à l'avenir sur le thème des traumatismes, en particulier ceux qui ont été infligés par le génocide. Ce sujet est rarement abordé, car il y a tellement d'autres questions à traiter dans les camps. Je trouve vraiment triste que ceux qui ont été victimes deviennent à leur tour violents envers les minorités, et en particulier envers les femmes et les filles. Nous devons trouver une manière de transformer l'énergie négative qu'ils ont reçue si injustement en énergie positive et créatrice.

Le court atelier que nous avons organisé avec Martin Rauch et les étudiants de Harvard nous a permis de constater que manipuler la terre a un réel pouvoir de guérison. Il existe plusieurs techniques qui déclenchent différents types d'émotions. Ceux qui ont trop d'énergie et ressentent beaucoup de colère peuvent se défouler en compactant la terre au moyen d'un pisoir, libérant ainsi leurs pulsions agressives. Des émotions plus douces se dégagent quand on fait des enduits : on caresse presque les murs afin de créer de belles surfaces sur lesquelles on peut ajouter des ornements. Les enfants et les femmes aiment particulièrement ce type de travail délicat… mais ils ne sont pas les seuls ! Avoir les mains dans la terre, c'est renouer avec des traits archaïques de notre être. Cela nous reconnecte avec notre moi intérieur et nous aide à représenter matériellement notre identité personnelle et collective. Mais quand on vit sous une tente après avoir perdu tout ce qu'on possédait, comment exprimer une quelconque identité culturelle ? Ceux qui sont confrontés à ce vide abyssal risquent de se radicaliser. Mais je suis persuadée que la culture peut être un outil contre le fondamentalisme religieux.

Dans les camps de réfugiés, construire en terre pourrait à la fois participer à la résolution de la crise du logement et favoriser la résilience face aux traumatismes psychiques et à la perte d'identité. Travailler simultanément sur ces trois aspects serait un puissant levier de transformation. Il est tellement stimulant de ne plus être obligé de s'asseoir en attendant que l'aide vienne de l'extérieur, mais d'utiliser son pouvoir créatif, ses propres mains et la terre sous ses pieds pour façonner son environnement ! Les réfugiés viennent de plusieurs régions aux contextes variés. Bâtir ensemble un habitat plus confortable pourrait tisser des liens entre les groupes et faire naître le sentiment d'être « à la maison ». Mon grand souhait serait de créer des communautés au sein du camp, en valorisant chaque personne et en lui donnant une chance de participer au processus de guérison. Jusqu'ici, je n'ai pas trouvé les bons partenaires pour concrétiser ce projet. Mais peut-être n'est-ce tout simplement pas le bon moment, parce que les règles très strictes qui règnent actuellement dans le camp ne sont pas favorables à de telles idées. Il faut parfois faire preuve d'une grande patience…

Plusieurs outils me permettent d'aborder les sujets de manière holistique : l'architecture, les créations textiles, le travail avec les femmes et les communautés. En fonction des situations, je choisis l'instrument à mettre en œuvre selon une approche intuitive. Mais en général, j'espère toujours combiner les besoins des gens, le pouvoir des ressources existantes et la créativité pour en faire quelque chose qui stimule le développement local. C'est comme un point d'acupuncture qui définit une vision et inspire des projets à de nouvelles échelles, idéalement au bon moment, avec la bonne équipe et dans le bon lieu. •

BRISER LE MOULE
CENTRE ANANDALOY POUR LES PERSONNES EN SITUATION DE HANDICAP

——— La conception du centre Anandaloy (« lieu de joie irrépressible » en bengali) a débuté en 2017. Réalisé sur le même site et avec les mêmes partenaires que les projets précédents, le nouveau bâtiment accueille au rez-de-chaussée un centre de thérapie pour les personnes en situation de handicap mental ou physique. L'atelier des couturières de Dipdii Textiles a trouvé sa place à l'étage.

L'architecture peut mettre en lumière des personnes et des sujets trop souvent négligés.

Au Bangladesh, le handicap est souvent considéré comme une sorte de punition divine, ou un mauvais karma hérité d'une vie antérieure. Les personnes en situation de handicap ne sont donc pas intégrées à la société, mais plutôt cachées. La menace de la pauvreté oblige tous les adultes d'une famille à travailler, ce qui rend très difficile la prise en charge des personnes ayant des besoins particuliers. Les lieux de soins spécialisés sont rares. La plupart des gens ne savent même pas qu'il existe des thérapies qui peuvent améliorer la situation des patients. Le centre Anandaloy contribue à la transmission de ce message. Contrairement aux précédents, ce bâtiment n'a pas une forme orthogonale. Il sort littéralement du moule. Je voulais ainsi exprimer que les êtres humains ne répondent pas à une seule norme, et que la diversité est incroyablement belle. C'est ce que le bâtiment célèbre par son architecture : ses courbes dansent dans l'espace !

Dans la région de Rudrapur, aucun bâtiment public ne disposait d'une rampe. Celle d'Anandaloy serpente jusqu'à l'étage en affirmant sa présence. Pendant le chantier, elle fut un fréquent sujet de discussion avec les nombreux visiteurs de la région : « Quelle est la raison d'être de cette rampe ? Pourquoi est-il important de garantir l'accès à tous, qu'ils soient en bonne santé ou non ? Comment améliorer la vie des personnes handicapées ? Comment favoriser l'inclusion ? » C'est ce qui est formidable avec notre métier : l'architecture peut mettre en lumière des personnes et des sujets trop souvent négligés.

26 La rampe du centre Anandaloy pour les personnes en situation de handicap, construit en 2020 à Rudrapur, a suscité de nombreuses discussions sur le thème de l'inclusion.
27 Chaque jour, des visiteurs viennent voir le centre Anandaloy, qui est unique en son genre. (→ pages suivantes)

Mon amie allemande Britt Wehmeyer, qui a une fille en situation de handicap, m'a dit que ce qui est conçu pour les personnes ayant des besoins particuliers est fonctionnel, mais peu esthétique. Elles sont ainsi obligées, tout comme leurs aidants, de vivre dans un monde assez laid, ce qui les stresse davantage et porte atteinte à leur dignité. Le témoignage de Britt m'a incitée à concevoir pour le centre Anandaloy une atmosphère favorisant l'autonomie et une meilleure qualité de vie. J'ai imaginé le bâtiment du point de vue du corps humain, en réfléchissant à la meilleure façon de rendre les espaces beaux et accueillants. Les personnes ayant des déficiences visuelles, par exemple, découvrent le monde avec d'autres sens. La matérialité joue donc pour elles un rôle décisif. Au centre Anandaloy, les murs sont faits de terre et de paille, ce qui leur confère des qualités haptiques, et leurs angles sont arrondis. Lorsque je me promène dans le bâtiment, j'ai toujours l'impression de glisser à travers lui. Mon corps entretient un dialogue dynamique avec ses ondulations. Grâce à ses formes sinueuses, l'atmosphère est différente dans chaque espace. C'est comme un monde que l'on découvre peu à peu.

La grotte située sous la rampe est différente de celle de l'école METI. On y accède soit directement au niveau du sol, soit juste au-dessus, et il faut ramper pour y pénétrer. Cela demande de bouger davantage son corps, ce qui impose plus d'efforts et de coordination musculaire. Le bâtiment lui-même devient ainsi le support d'exercices de kinésithérapie. Mais ce n'est pas un dispositif rébarbatif! L'invitation à entrer dans ce petit « terrier » apporte de la motivation pour se mouvoir de manière inhabituelle et entraîner son corps en explorant des espaces aux surfaces douces un peu « magiques », baignés dans une lumière tamisée.

Si la forme du centre Anandaloy est beaucoup plus libre que celle de mes précédents bâtiments de Rudrapur, son architecture va aussi beaucoup plus loin dans l'exploration des capacités plastiques de la terre. Lors de mes premières constructions, il était important de former les ouvriers à faire des murs d'aplomb et des angles droits. L'expérience pratique de la mise en œuvre de la terre que j'ai acquise sur le chantier à leurs

28

côtés m'a permis de comprendre en profondeur le caractère du matériau et son potentiel. Ces compétences m'ont donné une plus grande liberté créative et plus de confiance en moi. Cela s'est traduit par des formes organiques, parfaitement adaptées à la construction en bauge. Et comme cette technique ne nécessite pas de coffrage, contrairement au pisé, la réalisation de murs courbes ne coûte pas plus cher. Près de vingt ans après mon premier projet, découvrir de nouvelles formes et de nouvelles manières de témoigner de la beauté de la terre me passionne toujours autant !

J'ai construit le centre Anandaloy après l'école METI, le centre DESI et les trois maisons pour des familles de paysans. J'avais donc déjà beaucoup d'expérience et l'équipe de construction également. Alors que les chantiers précédents avaient été supervisés par des Allemands, celui-ci a été géré par l'entrepreneur bangladais Montu Ram Shaw, avec des ouvriers du village, dont certains en situation de handicap. Les techniques de mise en œuvre de la terre et du bambou étaient assez similaires à celles des autres projets. Mais cette fois, il était important pour moi de convaincre le client de couvrir la véranda avec un autre matériau local, le chaume, en veillant à ce qu'il soit facile à entretenir. Pour la partie supérieure de la toiture, qui est moins accessible et qui sert à recueillir l'eau de pluie et à supporter les capteurs solaires, nous avons utilisé à nouveau de la tôle ondulée.

Comme au centre DESI, la véranda de l'étage est très appréciée, mais les usagers du centre Anandaloy aiment beaucoup la rampe, et c'est un des

28 Les salles de thérapie au rez-de-chaussée du centre Anadaloy ont des murs en terre et des volets en bois peints. 29 La véranda sert de bureau pour les enseignants et les thérapeutes mais aussi de studio de yoga pour les couturières de Dipdii Textiles.

terrains de jeux préférés des enfants du village. Parfois, ils attendent dehors dès l'aube l'ouverture du bâtiment pour pouvoir s'y faufiler avant l'arrivée des couturières et des thérapeutes. Les grottes des salles de thérapie sont également très prisées. Shuvo, un des jeunes patients, apprécie tout particulièrement la présence de toilettes avec un siège. Les habitants de Rudrapur n'ont que des latrines à fosse. Mais comment faire si l'on ne peut pas se tenir debout ? Ce qui me touche vraiment, c'est de voir à quel point les gens sont fiers lorsqu'ils viennent dans leur bâtiment. Les personnes en situation de handicap de la région disposent désormais d'un endroit répondant à leurs besoins, ce qui veut dire aussi qu'ils ont enfin une place dans la société.

Ce projet est arrivé au bon moment. Nous avons besoin de visions et de réponses à des questions fondamentales : l'inclusion, le dérèglement climatique et, bien sûr, la santé. Je suppose que le pouvoir de l'architecture est particulièrement tangible dans le centre Anandaloy, et que c'est pour cela que le jury l'a choisi pour l'OBEL AWARD 2020. •

CLAYSTORMING
CENTRE CHWITTER DE FORMATION AU DÉVELOPPEMENT DURABLE

——— Lorsque je fais des recherches sur les matériaux, le climat et l'artisanat local pour un nouveau projet, c'est comme si je collectais une série d'images. Je me promène dans les villages et j'en retire des impressions. Ensuite, j'essaye de faire le vide dans mon esprit pour accueillir mon intuition.

La création du processus de conception « claystorming[24] », que j'ai mis au point avec Martin Rauch, fut pour moi une libération. Nous l'avons utilisé pour la première fois en 2010 pour le concours du centre Chwitter de formation au développement durable à Marrakech, au Maroc[25]. Le claystorming, c'est comme une esquisse tridimensionnelle ! On prend un gros morceau d'argile et on commence à le modeler de manière rapide et intuitive. Cela permet de tester toutes sortes de formes et d'échelles en retravaillant constamment la glaise. On laisse les mains traduire directement en volumes les impulsions qui viennent de nos tripes, et on continue jusqu'à ce qu'on soit satisfait du résultat. C'est une méthode parfaitement adaptée à une conception participative.

Concevoir, c'est prendre des décisions, et les meilleures décisions sont souvent le fruit de l'intuition.

Lorsque je pose mes mains sur une maquette en argile, des images surgissent. Certaines proviennent des environs du site, d'autres n'ont aucun rapport avec le projet, mais s'intègrent d'une certaine manière dans le territoire et peuvent être adaptées aux matériaux locaux. Il existe aussi des situations où je ne suis pas guidée par des images, mais par un sentiment puissant. Je ne maîtrise pas le processus, tout me vient naturellement. J'essaye aussi de ressentir le caractère du bâtiment. Certains lieux ont besoin de gravité, d'autres d'un « grand geste ». Certaines structures doivent être très vivantes et exprimer la légèreté, comme un oiseau, tandis que d'autres ont besoin de quelque chose qui les ancre dans le sol. Tantôt les bâtiments doivent se fondre dans leur milieu, tantôt ils doivent être très expressifs pour apporter une identité à leur environnement. Parfois, il me semble qu'au-delà de la culture locale,

[24] « tempête d'argile », en écho au terme anglais *brainstorming*, qui veut dire « tempête de cerveau » et qui se traduit en français par « remue-méninges » [NdT].

[25] Conçu avec Martin Rauch, Nägele-Waibel Architekten et Salima Naji.

30 Maquette du processus de « claystorming » pour le concours du centre de formation aux métiers du développement durable de Chwiter, près de Marrakech, en 2010.

c'est la personnalité des clients qui se reflète dans le projet. Le résultat final me surprend toujours !

Concevoir, c'est prendre des décisions, et les meilleures décisions sont souvent le fruit de l'intuition. Le claystorming est très efficace, car il permet de comprendre tous les aspects d'un projet sans les limites de la surface bidimensionnelle d'une feuille de papier ou d'un écran d'ordinateur. Tout au long du processus, le plus grand défi est de ne pas permettre à l'ego ni à la rationalité de prendre le dessus, et de laisser les choses arriver. C'est mon intuition qui me dicte le type d'identité que chaque bâtiment requiert. C'est un peu comme cuisiner sans recette, alors que le réfrigérateur est plein d'ingrédients. Vous avez soudain le sentiment que la betterave pourrait avoir un goût agréable avec un peu de noix de muscade et des graines de coriandre. Il faut ensuite quelque chose de plus frais – peut-être un zeste de citron.

Le claystorming n'est définitivement pas la recherche d'un style ! Nous sommes beaucoup trop influencés par le monde extérieur. Nous devons réapprendre à nous sentir nous-mêmes, à comprendre nos besoins et nos peurs. Lorsque j'enseigne dans un atelier de projet, le travail commence souvent au début du semestre par une recherche sur Internet pour collecter des informations sur le site. Mais comment classer la surabondance de ces informations quand on manque de points de référence personnels ? Dans le secteur du bâtiment, une approche holistique est indispensable, et elle doit être introduite dès les études d'architecture. La formation à un design intuitif et à la communication fait actuellement défaut. Il suffit d'être quelque peu intelligent pour trouver des arguments et défendre n'importe quel projet – mais pour être vraiment pertinente, une solution doit être globalement cohérente. Nos missions de conception sont tout simplement trop complexes et trop importantes pour être appréhendées de manière purement rationnelle. Et on peut aussi bien entraîner son intuition que ses capacités d'analyse et de déduction. •

VERS UN NOUVEAU VERNACULAIRE
AUTRES PROJETS DANS LES PAYS DU SUD GLOBAL

——— Ma plus grande source d'inspiration réside dans les matériaux locaux. Lorsque j'arrive sur un site, je vérifie toujours ce qui est disponible et, bien sûr, je tiens compte du climat. Je m'inspire également des structures vernaculaires et de la manière dont les artisans trouvent le langage approprié pour valoriser les ressources. Chaque terre a des caractéristiques singulières, et les cultures du monde entier montrent depuis des millénaires leur fantastique capacité à développer des modes constructifs répondant aux conditions spécifiques du milieu. Chaque technique de construction en terre a sa propre personnalité et nécessite sa propre expression architecturale. Dans le Vorarlberg ou au Maroc, par exemple, la terre a naturellement une forte teneur en pierres et graviers, ce qui la rend propice au pisé. Mais au Bangladesh, elle ne contient pas de cailloux ! La technique de la bauge que nous avons utilisée à Rudrapur a pour base des boules d'argile et de paille mises en œuvre sans coffrage, ce qui facilite les formes souples. Le pisé, en revanche, nécessite des banches, ce qui rend la réalisation de courbes complexe et coûteuse. Les lignes droites sont donc favorisées, ce qui a une influence sur le caractère du bâtiment et sur l'aspect des murs.

Chaque technique de construction en terre a sa propre personnalité et nécessite sa propre expression architecturale.

Les cultures constructives naissent avant tout de la compréhension des matériaux vernaculaires. Ainsi, le respect des spécificités des ressources locales et de leurs limites génère naturellement une architecture adaptée à chaque lieu, en osmose avec sa topographie, son climat et sa culture. Je suis fascinée par cette identité qui émerge comme une conséquence de la sagesse populaire. Dans l'architecture contemporaine, l'authenticité fait de plus en plus défaut, alors que j'ai l'impression qu'un nombre croissant de personnes la recherchent. Les matériaux de la modernité – béton, acier et aluminium – sont utilisés de la même manière dans tous les contextes et sous tous les climats. S'ils permettent aux concepteurs de créer librement toutes les formes issues

31 Le jardin d'enfants pour la communauté de permaculture PORET, au Zimbabwe, a été construit en 2014.

de leur imagination, on sent que le résultat n'est pas ancré dans son environnement physique et culturel. Je m'attache au contraire à entrer en résonance avec le lieu.

Le projet pour la communauté de permaculture PORET a commencé en 2012 avec des maquettes en argile d'environ huit centimètres de hauteur. Notre fille Mirjam était à mes côtés tandis que je les modelais, et j'observais la manière dont elle s'appropriait les volumes. À l'origine, je pensais construire en terre, mais j'ai changé d'avis après la visite du site. J'ai été très surprise de trouver sur place beaucoup de bois, ainsi qu'un atelier de charpente bien équipé et des artisans qui avaient juste besoin d'un complément de formation. J'ai alors entamé une merveilleuse collaboration avec Susanne Menzel, une amie charpentière de Laufen, qui avait déjà vécu et travaillé auparavant dans cette région du Zimbabwe, et qui nous a aidés pour le chantier. Les fermes courbes sont un hommage à mon grand-père charpentier, qui construisait des dômes en bois.

Quand j'ai découvert le site, l'image qui m'est venue spontanément à l'esprit est celle de deux ruches géantes blotties sous les arbres. J'ai également été impressionnée par les magnifiques toits de chaume aperçus lors de mes voyages au Zimbabwe, mais les savoir-faire que je

remarquais dans d'autres régions étaient moins présents ici. Si j'ai souhaité apporter ces compétences dans ce territoire, c'est qu'il y a beaucoup de chaume disponible et que cette technique pourrait améliorer le confort de l'habitat. Dans un climat aussi chaud, le toit est la partie la plus importante d'un bâtiment. Outre l'ombre et la protection qu'il apporte, sa forme est marquante, et cela m'a semblé une bonne solution pour le jardin d'enfants. Certains des toits de chaume que j'ai vus dans le pays comportaient une ligne d'ornementation qui ressemblait un peu à une coupe de cheveux. Coiffeuse était le premier métier de mes rêves. J'ai donc fait avec bonheur une « coupe de cheveux » très spéciale sur le jardin d'enfants.

32

Le « nez », dont la fonction est similaire à celle des grottes de l'école METI, est l'un des autres éléments ludiques que j'ai introduits. Avec une hauteur d'environ 6,5 mètres, le bâtiment est assez impressionnant pour de jeunes enfants, et je voulais leur offrir des espaces plus intimes. Le « nez » dépasse du mur et on peut s'y blottir à son aise. Comme il est un peu surélevé, il peut aussi servir de scène. La pièce principale, assez neutre, peut être utilisée à des fins multiples. Le public peut s'y asseoir pendant que les « acteurs » jouent sur la scène improvisée. Les grandes fenêtres, dont le dessin est inspiré des triangles ornementaux traditionnels, sont d'autres éléments majeurs du projet. Les enfants peuvent 33
s'asseoir sur les allèges des fenêtres et dans les niches. Nous avons peint toutes les menuiseries à la main avec la communauté de permaculture PORET. Ce que je préfère au Zimbabwe et dans d'autres pays africains, ce sont les couleurs et les motifs géométriques si pleins de vie.

Je travaillais encore à ce projet quand, en mars 2013, j'ai reçu une invitation de l'architecte George Kunihiro et de son ami Ge Qiantao. Ils souhaitaient organiser une Biennale du bambou dans le village de Baoxi, en Chine, afin de présenter les différentes techniques permettant d'utiliser ce matériau dans la construction. Douze architectes internationaux (Kengo Kuma, Simón Vélez, Võ Trọng Nghĩa et Wise Architecture, entre autres) devaient y réaliser chacun un ou plusieurs bâtiments. Ensemble, nous devions célébrer la beauté du bambou, et prouver qu'il se prête à bien d'autres usages que les simples échafaudages de chantier fréquents en Chine. On m'a confié la conception de deux auberges de jeunesse et d'une maison d'hôtes. Lorsque je suis

32 La structure des salles de groupe du jardin d'enfants ressemble aux dômes de mon grand-père, mais je l'ai coiffée d'une « perruque » de chaume. 33 Ces auberges de jeunesse ont été construites en 2016 dans le village de Baoxi (Chine).

arrivée sur le site, j'ai compris que les idées que j'avais en tête ne correspondaient pas du tout au lieu. En me promenant dans le village qui jouxte le terrain de la biennale, j'ai admiré les vieilles maisons construites en pisé sur un socle en pierre. Mais j'ai remarqué que, lorsque les gens en avaient les moyens, ils enduisaient les murs de ciment pour cacher la terre. Quelle tristesse de voir un pisé bien exécuté sous les plaques d'enduit qui s'effritaient !

La nature de la nature n'est pas la limitation. La nature de la nature, c'est l'abondance.

Les techniques artisanales locales furent à nouveau une grande source d'inspiration. La région de Baoxi est célèbre pour ses magnifiques céramiques céladon à la glaçure verte translucide. Après avoir exploré le site de la future biennale, j'ai traversé la rivière pour visiter un atelier de poterie. Des récipients empilés au hasard les uns sur les autres y formaient de jolies structures. Quand je suis retournée vers le terrain prévu pour mon projet, j'ai soudain visualisé trois silhouettes un peu baroques inspirées de cette image. J'ai alors commencé à me poser des questions : « Comment isoler thermiquement ces formes irrégulières et les rendre imperméables à l'eau ? Comment construire ce type de structure en bambou et y introduire des chambres et un escalier résistant au feu ? » La réponse m'est venue assez rapidement : en plaçant un noyau solide au milieu. Il était logique d'utiliser pour cela la pierre et le pisé, comme dans les constructions vernaculaires. Pour les chambres, j'ai eu l'idée de créer de petites

tentes blanches arrimées sur le noyau, qui brilleraient dans la nuit comme des photophores quand elles seraient occupées. J'ai dessiné la première esquisse du projet avec mon doigt sur la vitre embuée de la voiture qui nous ramenait vers Shanghai.

À chaque projet, le plus grand défi est d'aider les clients à surmonter leurs craintes et à faire confiance aux matériaux naturels.

Les autres idées sont arrivées assez facilement. Je me suis souvenue d'un beau panier que j'avais vu sur une photo, quelque part dans une exposition, et je me suis mise à la recherche de cette image. Tous ces objets traditionnels furent une fantastique source d'inspiration. Dans leur forme finale, les trois auberges leur ressemblent beaucoup, mais à une échelle bien plus grande, ce qui les rend si surprenantes. Leur architecture est aussi une célébration des ressources naturelles. Très souvent, lorsque nous pensons à l'écologie, nous imaginons une série de contraintes et de limitations. Mais si nous la laissons faire, la nature nous fournit de nombreuses ressources. À Baoxi, le bambou pousse en grande quantité et la terre est présente partout. La nature de la nature n'est pas la limitation. La nature de la nature, c'est l'abondance.

Bien sûr, il est très important de se concentrer sur les choses les plus essentielles, mais cela n'empêche pas de s'amuser ! Quand on se concentre sur les matériaux de construction disponibles à proximité, de nombreuses surprises surgissent. Plus je conçois avec le bambou, plus je suis capable de valoriser ses qualités. Les auberges témoignent ainsi d'une meilleure compréhension de ses caractéristiques que mes premières constructions à Rudrapur. À Baoxi, j'ai beaucoup travaillé sur sa capacité de flexion et sur le cannage. La structure à croisillon en bambou fut un défi pour les artisans locaux… après avoir mis à rude épreuve mes propres compétences lors de la conception.

Le processus de construction a été assez difficile, car nous n'étions pas impliqués dans la phase de mise en œuvre. Souvent, je n'avais aucune idée de ce qui se passait sur le chantier. Bien que ce ne soit pas prévu dans notre contrat, nous avons fait beaucoup d'efforts pour fournir tous les détails techniques. Nous voulions nous assurer que les structures ne contenaient pas de béton et seulement un peu d'acier. Malheureusement, l'entrepreneur a utilisé les deux, parce que c'était plus facile à construire. Il n'avait pas confiance dans la terre compactée et a ajouté du ciment. Selon lui, seulement 2 %. Mais pour moi, chaque gramme est de trop ! C'est dévastateur pour le climat et, à moins d'en ajouter une quantité très importante, cela ne fait qu'affaiblir la capacité de

4

cohésion de l'argile, la rendant plus fragile. L'utilisation du ciment m'a rendue furieuse, car je crois fermement que les murs en terre ne devraient pas être stabilisés. À chaque projet, le plus grand défi est d'aider les clients à surmonter leurs craintes et à faire confiance aux matériaux naturels. Nous devons les convaincre que des murs constitués à 100 % de terre, sans aucun adjuvant, peuvent être porteurs. Cela demande beaucoup d'efforts et de temps, en particulier pendant le chantier.

Quand je dessinais les auberges, j'étais assez nerveuse à l'idée de concevoir un projet pour un endroit où j'avais passé si peu de temps, situé dans une région dont je connaissais à peine la culture. Mais lorsque je suis retournée à Baoxi et que j'ai vu les auberges pour la première fois, j'ai senti que mon intuition était fidèle au *genius loci*. Regarder ces structures, debout dans la brume au bord de la rivière, fut très émouvant. Quel merveilleux souvenir !

Lorsque j'étais en Chine, j'ai traversé de nombreuses villes nouvelles. J'ai été très impressionnée par la multitude d'immeubles réalisés à la hâte au cours des vingt dernières années, tous érigés avec d'énormes quantités de béton et d'acier. J'avais lu que la Chine avait consommé entre 2011 et 2013 plus de ciment que les États-Unis pendant tout le xxe siècle[26], mais à ce moment-là, j'ai pu me rendre compte de ce que cela signifiait vraiment. Auparavant, les habitants de ces tours vivaient sans doute dans des villages comme Baoxi, où la plupart des maisons

[26] Ana Swanson. « How China used more cement in 3 years than the U.S. did in the entire 20th Century [Comment la Chine a utilisé plus de ciment en 3 ans que les États-Unis pendant tout le xxe siècle] ».

34 Le cœur de chaque bâtiment de l'auberge de jeunesse est fait de pierres et de terre crue, matériaux traditionnels de cette région, tout comme le bambou. 35 La forme et les détails constructifs ont été inspirés par des paniers et des pièges à poissons. (→ pages suivantes)

sont en terre, même si elles sont souvent enduites de ciment. Il est effrayant d'imaginer que tant de personnes, qui avaient des modes de vie assez écologiques, ont déménagé en quelques années dans ces grands ensembles en béton armé. Je n'arrive pas à accepter que non seulement la Chine, mais aussi l'Inde, le Bangladesh et tant d'autres pays, suivent ce processus. Nous en avons fait l'expérience en Europe au cours du xxe siècle et nous connaissons les conséquences néfastes de ce type d'urbanisation. Il est impératif de trouver des alternatives et de prouver qu'il est possible de construire avec des matériaux locaux des bâtiments écologiques offrant un mode de vie confortable. Ce qui compte, c'est notre capacité à utiliser de manière contemporaine un matériau ancestral. La nature nous offre gratuitement de nombreuses ressources. Tout ce dont nous avons besoin, c'est de notre sensibilité pour les voir et de notre créativité pour les utiliser.

La nature nous offre gratuitement de nombreuses ressources. Tout ce dont nous avons besoin, c'est de notre sensibilité pour les voir et de notre créativité pour les utiliser.

La production de ciment n'est pas seulement responsable d'environ 8 % des émissions mondiales de CO_2. Le béton armé nécessite aussi de l'eau, du sable et des agrégats qui deviennent de plus en plus rares. Il requiert également de l'acier et des additifs chimiques éventuellement nocifs pour la santé. Par ailleurs, la qualité du béton est parfois assez médiocre. En 2015, j'ai participé à la Biennale Bi-City de Shenzhen, en Chine, avec Martin Rauch, son entreprise Lehm Ton Erde et Lindsay Blair Howe, qui était à l'époque l'une de nos assistantes à l'école polytechnique fédérale de Zurich. Nous avons réalisé une installation en pisé, calculée en fonction des indications qu'on nous avait fournies sur la capacité portante de l'usine où se tenait l'exposition. Mais lorsque nous avons commencé à réaliser notre structure, les responsables de l'immeuble nous ont demandé d'arrêter, car elle était trop lourde pour le plancher. Ils nous ont expliqué que ce bâtiment avait déjà vingt ans, et qu'ils ne savaient pas si le sable qui était dans le béton avait été lavé ou s'il contenait du sel, ce qui aurait entraîné une corrosion du métal. Ils craignaient vraiment un effondrement du bâtiment ! En fin de compte, nous avons négocié pour terminer notre installation : afin de réduire le poids, nous n'avons réalisé que la moitié de la structure prévue.

Lorsqu'il faut construire autant d'immeubles de grande hauteur en si peu de temps, il est difficile de garantir le contrôle qualité. S'ils étaient conscients de la potentielle dégradation du ferraillage des murs et des planchers dans les prochaines années, les habitants commenceraient à avoir des doutes sur la pérennité des bâtiments. Cela soulève de nombreuses questions. Les gens qui utilisent le béton et l'acier croient qu'ils construisent pour l'éternité, mais tôt ou tard, tout se dégrade. Lorsque nous avons dû changer la structure en bambou de l'école METI, il nous a suffi d'ajouter un peu d'eau, d'enlever la terre et de regarder à l'intérieur du mur ce qui se passait. Ensuite, nous avons utilisé la même terre pour refermer la paroi. On ne peut pas faire cela avec du béton ! Et ce qui est encore pire dans les immeubles en béton armé, c'est la quantité d'énergie requise en plus de l'énergie intrinsèque. Car à l'imposante quantité de ressources que demande la construction s'ajoute l'énergie pour alimenter les climatiseurs et autres équipements techniques complexes nécessaires pour assurer le confort thermique.

Cette constatation est également valable en Afrique. Depuis quelques années, nous travaillons sur un campus au Ghana. Le projet est né grâce au critique d'architecture autrichien Peter Reischer. Il a fait un don à l'organisation des salésiens de Don Bosco (SDB) avec l'obligation de l'utiliser pour un projet écologique. Les congrégations SDB d'Accra et de Vienne ont proposé de créer un campus scolaire à Tatale, dans une région très isolée à l'est du Ghana, près de la frontière avec le Togo. Comme l'Église catholique dans son ensemble, les salésiens cherchent à soutenir des projets de construction « durables », car ils se sentent obligés de respecter la lettre encyclique du pape François *Laudato Si'* sur la sauvegarde de la maison commune[27]. Mais au-delà de panneaux solaires sur les toitures, les idées pour y parvenir ne sont pas toujours très claires.

[27] François. Encyclical Letter *Laudato Si': On Care for Our Common Home* [Lettre encyclique Laudato Si' du Saint-Père François sur la sauvegarde de la maison commune]. Huntington, Our Sunday Visitor, 2015.

La plupart des bâtiments réalisés dans les pays en développement suivent les modèles conçus pendant la période coloniale, sous l'influence de décennies de travail missionnaire ou caritatif. Le plan directeur que j'ai reçu des salésiens prévoyait une série de bâtiments structurés à la manière d'un camp militaire romain, avec des salles de classe carrées reliées par un couloir le long de la façade. Pourtant, tout autour du site, il y a de magnifiques ensembles vernaculaires : un joyeux assemblage de maisons carrées et rondes, de proportions et d'échelles variées, disposées autour d'une cour. La plupart des bâtiments sont construits en terre, mais l'église, la mosquée et les écoles sont en béton.

C'est toujours la même chose ! Ceux qui arrivent dans un endroit avec de l'argent, du pouvoir et un savoir académique ignorent les potentiels locaux et construisent en béton ou en brique, comme si les traditions n'avaient aucune valeur. Ainsi, l'industrie du bâtiment fait des bénéfices et accapare l'argent dont les communautés ont cruellement besoin. On dirait que dans l'esprit de la plupart des gens, les écoles doivent ressembler à des boîtes purement fonctionnelles. Je l'ai vu si souvent et dans tellement de pays ! Ce qui a commencé avec le colonialisme se poursuit avec la coopération au développement, qui dicte presque toujours la manière dont une école ou un campus doivent être conçus. Décoloniser l'imaginaire est sans doute la tâche la plus difficile qui soit.

La première fois que je suis venue au Ghana pour découvrir le site, j'ai été fascinée de voir que la terre était encore le matériau de construction prédominant. On en trouve partout, mais la qualité des maisons est assez médiocre. Ici, comme au Bangladesh, la terre est considérée comme le matériau des pauvres, mais le plus gros problème est que les gens construisent leurs maisons sans soin et sans joie. Par ailleurs, elles sont très petites. Nous avons donc décidé de prouver qu'il était possible d'utiliser la terre pour des bâtiments publics d'envergure.

Après avoir découpé dans de l'argile les volumes présents sur le plan d'ensemble que j'avais reçu, j'ai commencé à les remodeler selon le processus de claystorming. Le résultat réinterprète la vitalité de l'architecture vernaculaire. Nos amis de Tatale, le père Nichodemus Chinazo et Benson Osei-Savio Boateng, sont ensuite venus dans mon agence de Laufen pour discuter du projet. Nous avons réalisé quelques ajustements pour respecter la mentalité locale et répondre aux demandes concernant le fonctionnement de l'école : le directeur doit avoir une vue d'ensemble sur certains lieux ; les filles doivent être séparées des garçons, au moins pour l'internat. Nous sommes ensuite entrés dans le détail des bâtiments. La maquette suivante a été construite à l'échelle 1/50. Lorsque les volumes issus du claystorming ont été numérisés, j'ai reçu le soutien des experts de Transsolar, le célère bureau d'ingénierie climatique. Les simulations qu'ils ont effectuées m'ont fourni des paramètres utiles pour prendre certaines décisions : taille des ouvertures, débords de toiture, protection solaire, etc. Le climat intérieur pourra ainsi être agréable sans climatisation ni éclairage artificiel. La combinaison de matériaux low-tech et d'outils de conception high-tech s'est avérée idéale pour le site et les objectifs du projet.

36

Comme à l'école METI, les façades des bâtiment du campus sont très rythmées. Les fenêtres sont « mises en musique » de manière très intuitive, à la manière des dessins géométriques qui ornent les kenté, textiles traditionnels ghanéens. Disposés en avant du mur, les poteaux créent des jeux d'ombre et de lumière. Comme nous avons travaillé à ce campus pendant la pandémie de Covid-19, je ne savais pas si je pourrais participer au chantier ou envoyer là-bas un membre de mon équipe. J'ai donc décidé de concevoir un projet capable de fonctionner même s'il était mis en œuvre avec moins de précision. Les façades des premières salles de classe sont une véritable cocréation. J'avais insisté pour que des femmes participent au chantier, et plusieurs d'entre elles ont été embauchées pour faire les enduits. Au Ghana, elles appliquent l'argile à mains nues, sans outils. J'avais imaginé des ouvertures rectangulaires aux angles vifs, mais comme elles ont commencé par la partie supérieure de la fenêtre, une courbe a remplacé l'angle droit. Les ouvertures ont donc pris naturellement une forme en U. Plus tard, nous avons également pensé qu'il serait bon d'avoir des rideaux ou des volets. Avec les supports que nous avons ajoutés, le gabarit de la baie est devenu encore plus irrégulier.

Au début, j'ai eu un peu de mal à m'habituer au résultat, mais maintenant j'aime vraiment cette façade aux formes et aux surfaces sensuelles. Elle incarne tout ce qui rend cette construction si singulière et si différente des bâtiments construits en Allemagne. Au Ghana, l'art ne réside pas dans l'exécution précise de ce qui est dessiné sur les plans, mais dans la capacité à saisir les opportunités qui se présentent et à les intégrer de manière ludique. Ce n'est pas une course en avant, mais plutôt une intuition qui appelle à « laisser les choses se faire ». Cette approche n'est pas fondée sur le contrôle, mais sur la confiance. L'appliquer n'est pas facile du tout ! C'est comme une pose de yoga : cela semble simple, mais cela demande un haut degré de sensibilité, ainsi que de la souplesse et beaucoup de pratique. Cela oblige également à faire taire son ego – ce qui est probablement le plus difficile. Le développement intérieur qui accompagne ce type de projet est en fait ce qui rend le processus si précieux.

Travailler à Tatale fut un véritable défi personnel. C'était un peu comme si j'étais renvoyée à mon point

36 Maquette du claystorming pour le campus de Don Bosco à Tatale (Ghana), en 2020.
37 La première école du campus de Tatale, construite avec le sol rouge de la région, en 2023. (→ pages suivantes)

de départ. Au fil du temps, je m'étais habituée à recevoir pour mon travail des marques de respect et de reconnaissance, mais à Tatale, titres et récompenses ne signifient rien. Dans ce contexte, en tant que femme, vous n'avez pas vraiment voix au chapitre. Pour la féministe que je suis, le projet est donc très difficile à réaliser, mais c'est aussi une bonne leçon pour retrouver mes repères fondamentaux. Il est « humiliant » dans le bon sens du terme. D'ailleurs, les mots « humilité » et « humain » ont la même source étymologique : *humus*, la terre.

Ceux qui arrivent dans un endroit avec de l'argent, du pouvoir et un savoir académique ignorent les potentiels locaux et construisent en béton ou en brique, comme si les traditions n'avaient aucune valeur.

Lorsque je repense aux premières années du projet, je me dis que j'aurais dû être plus patiente. Il faut toujours du temps pour établir la confiance et construire des liens d'amitié. Pour ce campus, l'atout le plus important, au-delà des connaissances et de l'expérience, a été la persévérance… et un partenaire fantastique : Lord Zigato ! Ce n'est pas seulement un grand ingénieur, c'est aussi un communicant très doué. J'ai beaucoup appris avec lui sur le pouvoir de la narration. Outre les nombreux défis, je suis bien sûr hantée par mes doutes quant à la question de savoir si une femme blanche peut construire à cet endroit, compte tenu du passé colonialiste. Ce qui m'aide toujours, en fin de compte, c'est de maintenir un dialogue bienveillant avec mon client et la communauté environnante, en veillant à ce qu'un soutien mutuel s'instaure. Quand je suis à Tatale, je participe à 18h30 aux prières quotidiennes avec nos clients salésiens, encore couverte de la boue du chantier que je viens de quitter.

38

Entre mes responsabilités familiales, mon agence d'architecture, Dipdii Textiles, l'enseignement et les conférences dans le monde entier, je ne peux pas passer plus de deux semaines d'affilée sur un chantier lointain. Je vais à Tatale environ trois fois par an et ces périodes sont très intenses. Quatre ans après ma première visite, grâce à de nombreux débats passionnés, j'ai le sentiment que nous sommes enfin sur le point de nous comprendre. Tout est question de relations personnelles, de fidélité à soi-même, de communication empathique et, tout simplement, de travail bien fait. La communication non verbale sur le chantier, en travaillant côte à côte, est plus puissante que n'importe quelle discussion. J'ai failli m'épuiser à débattre du rôle des femmes. Avec le recul, je pense que j'aurais dû laisser tomber les mots et me fier davantage à l'action. Aujourd'hui, mon partenaire Lord Zigato est fier de dire que l'équipe de construction comprend autant de femmes que

d'hommes, et que le salaire est le même pour tout le monde. C'est déjà un grand succès !

Nous terminons actuellement la deuxième phase du chantier : des classes pour la formation à l'agriculture, à la construction écologique et aux installations électriques et solaires. Nous n'avons pas encore atteint le point de bascule à partir duquel tout le monde est convaincu par le projet, mais nous y arrivons peu à peu. Il est tellement difficile de lutter contre les idées préconçues sur la forme à donner à des équipements scolaires ! Tous les membres de la communauté trouvent maintenant le bâtiment magnifique et ils sont pleins d'enthousiasme. Mais ceux qui ont fait leurs études dans des immeubles en béton ou en briques ont du mal à changer de perspective et à reconnaître la beauté de l'architecture en terre.

Lorsque la première salle de classe a été terminée, j'ai participé à une réunion à Accra avec la congrégation des salésiens de Don Bosco et je

38 Préparation du sol en terre battue de la future école de la construction écologique à Tatale.

leur ai montré ma photo préférée de la façade. Quelqu'un m'a regardée d'un air dubitatif en disant : « Que pouvons-nous faire pour la rendre moins minable ? » Quelle gifle ! Le doute qui m'a envahie a été heureusement levé deux semaines plus tard. La même photo se trouvait au Museo ICO de Madrid dans une exposition intitulée « Anna Heringer – Essential Beauty ». Au vernissage, Norman Foster s'est arrêté juste devant cette photo et m'a dit : « Cette façade est une œuvre d'art ! » Bien sûr, cela m'a remonté le moral, mais il n'est pas facile de faire la part des choses entre des points de vue tellement opposés. Lorsque je suis retournée sur place et que j'ai vu le bâtiment dans son environnement, j'ai ressenti sa forte présence et sa fusion avec le milieu naturel. Il est important de cultiver cette connexion avec notre intuition, notamment en participant physiquement à la mise en œuvre du bâtiment – surtout à notre époque de l'« architecture instagrammable ».

La communication non verbale sur le chantier, en travaillant côte à côte, est plus puissante que n'importe quelle discussion.

Nous espérons que le campus de Tatale servira de modèle à des projets de développement similaires. Avec cet ensemble bâti, nous proposons une architecture qui est bien plus que seulement fonctionnelle. Aujourd'hui, la musique, les langues locales et les textiles sont déjà intégrés dans les services religieux des salésiens. J'aimerais que l'architecture vernaculaire y trouve aussi sa place. Bien sûr, d'une manière adaptée au contexte et à la modernité ! Le campus de Tatale, qui est dédié aux métiers de la construction écologique, pourrait également servir de catalyseur pour faire évoluer d'autres sujets. Les artisans qui y sont formés seront capables de réaliser à l'avenir des églises et des bâtiments publics avec la merveilleuse terre rouge du Ghana plutôt qu'avec du béton recouvert de peinture rouge. Nous souhaitons aussi diffuser ces techniques au-delà de la région afin de passer rapidement à l'échelle supérieure ! Mais pour y arriver, il faudrait que les organisations donatrices unissent leurs forces au lieu de se concentrer sur des domaines de développement spécifiques et isolés. La base de tout développement social et économique est un environnement sain. Comme le dit Lord Zigato : « Tous les dons devraient s'accompagner de l'obligation de construire de manière écoresponsable. » •

39

TRANSITION VERS L'EUROPE
LE MONOLITH D'OMICRON

——— Ma première réalisation en Europe est reliée de plusieurs manières à mes bâtiments précédents. Elle se trouve au siège d'Omicron Electronics, une entreprise du Vorarlberg qui finance de nombreux projets dans des pays en développement et qui nous avait déjà soutenus pour le centre DESI à Rudrapur et le jardin d'enfants au Zimbabwe. En 2014, les responsables d'Omicron ont voulu introduire un peu de cet esprit dans leur nouveau siège social. Dans le beau bâtiment à structure bois conçu par Dietrich Untertrifaller Architekten, deux atriums sont dédiés à la détente des employés. Dans l'un d'eux, l'agence Gregor Eichinger Offices a créé une gigantesque sculpture en bois. Pour l'autre, elle avait proposé des bulles en matière synthétique suspendues, mais les responsables d'Omicron souhaitaient des matériaux plus écologiques. Comme il y avait déjà beaucoup de bois dans le bâtiment, ils ont pensé à la terre et ils ont contacté Martin Rauch, qui m'a proposé de collaborer au projet.

À l'intérieur de l'atrium qui nous a été confié, nous avons conçu trois espaces très différents répondant à des besoins variés. Le rez-de-chaussée du premier volume, le « Monolith », est destiné à de petits groupes, tandis que l'étage offre des niches pour réfléchir au calme ou faire une petite sieste. Le deuxième élément de la composition est un espace plus public, un mini-amphithéâtre en terre recouvert de coussins confectionnés par les couturières de Rudrapur. Il est propice aux rencontres : si vous vous asseyez sur l'un des gradins pour boire votre café, l'un des collègues qui passent par-là ne tardera pas à vous rejoindre. Le troisième élément est suspendu aux fermes en acier qui portent le toit de l'atrium. C'est une sorte de zeppelin avec un squelette en bois recouvert de soie. Il peut servir de salle de réunion pour une douzaine de personnes, mais c'est aussi un immense abat-jour qui illumine l'espace au crépuscule.

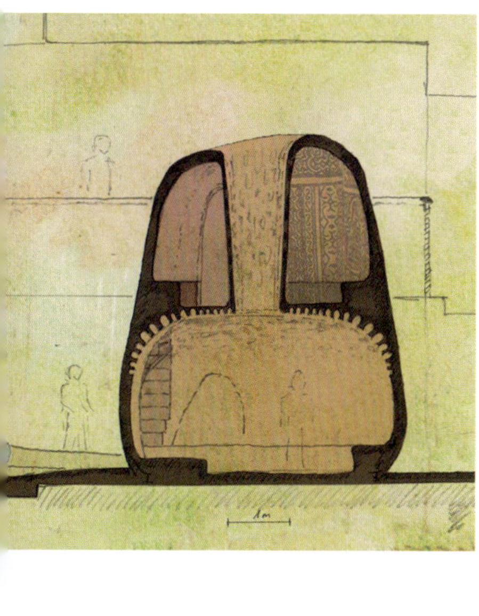

39 En collaboration avec Martin Rauch (artiste et spécialiste de la construction en terre), divers espaces de détente ont été créés en 2015 pour les employés d'Omicron Electronic à Klaus, dans le Vorarlberg.

40

Lorsque nous avons commencé à concevoir le projet, la première question que nous nous sommes posée était : « Quel est le type d'ambiance qui manque à ce siège social, où travaillent de nombreux passionnés de technologie ? » Entre les poteaux de la structure en bois, les façades sont essentiellement vitrées. La communication est fortement encouragée et la transparence est telle que les gens ne peuvent pas s'isoler dans leur propre bureau. Il manquait donc un espace introverti, un lieu dans lequel on peut se réfugier, seul ou en petit groupe, quand on se dit : « Je n'en peux plus ! J'ai besoin d'être dans une grotte. » Nous avons donc recherché la massivité et l'atmosphère protectrice que l'on trouve dans les bâtiments en terre.

Nous savions que notre structure monolithique ne pourrait pas être réalisée en pisé, car les murs seraient alors très épais, donc très lourds. Le plancher de l'atrium n'avait pas été calculé pour supporter un poids aussi important. Martin a donc proposé l'*atakpame*, une technique traditionnelle fréquemment utilisée au Ghana et ailleurs. La forme est d'abord façonnée à la main avec de l'argile humide, et la surface est ensuite égalisée en tapotant avec un morceau de bois pour supprimer les fissures. C'était la première fois que j'utilisais cette méthode. Je l'ai trouvée formidable parce qu'elle permet de créer un bâtiment comme une poterie. Vous avez la forme dans votre esprit et elle émerge peu à peu entre vos mains. C'est la manière la plus directe de faire de l'architecture. Nous avions bien sûr des plans, mais ils n'ont servi qu'à répondre à la réglementation.

Dans chacun de ses projets, Martin tente de relever un nouveau défi. Bien que l'épaisseur des murs soit limitée à 14 centimètres, il a décidé ici de réaliser une construction en *atakpame* sur deux niveaux. C'est un véritable exploit, car les murs en terre sont normalement beaucoup plus épais. Pour assurer la stabilité, Martin a imaginé un système de nervures, comme à l'intérieur d'un poivron. Ensuite, nous avons conçu la forme ensemble selon le processus de claystorming.

La beauté du Monolith d'Omicron réside, entre autres, dans la brillance de sa surface extérieure. Nous ne voulions pas utiliser de la cire, car elle aurait nui à la capacité de la terre à réguler l'humidité. Nous avons donc invité des amis à participer au chantier ! Pendant trois week-ends consécutifs, de nombreux bénévoles sont venus lustrer la surface avec une pierre ou un tampon de polissage. Lorsqu'on frotte l'argile au bon moment, avec la bonne vitesse et la bonne pression, la surface devient incroyablement chatoyante. C'était totalement fascinant : au départ, ce

40 Espace de réunion dans le « Zeppelin » au siège social d'Omicron Electronics.

n'était que de la terre, mais nous l'avons tellement polie, tous ensemble, qu'elle est devenue une « pierre précieuse ». Quelle belle expérience !

Si la finition extérieure du Monolith est lisse et brillante, avec des reflets vert pâle, sa surface intérieure en argile rouge a une texture rugueuse. Ce contraste est volontaire. Nous avions d'abord enduit les murs intérieurs et le plafond avec des outils, mais le résultat était trop parfait et l'espace avait perdu l'atmosphère archaïque que nous voulions lui donner. Après avoir ajouté une nouvelle couche d'argile et de paille, nous avons réalisé l'enduit à la main pour donner à la surface une structure plus vivante. Aujourd'hui encore, on peut voir les mouvements de nos doigts dans l'argile.

La technique de l'*atakpame* est simple, mais les clients ont voulu y inclure toutes sortes de raffinements. Les bancs, par exemple, sont dotés d'un système de chauffage pour une assise tempérée. Le plancher est refroidi par de l'eau circulant dans des tuyaux dissimulés dans le sol, et la structure contient des éléments qui servent à rafraîchir l'ensemble de l'atrium. Un système de son et lumière est également intégré. Cette modeste cabane en terre offre donc des équipements sophistiqués visant un confort optimal. Même la méthode de construction la plus élémentaire peut intégrer des technologies de pointe ... À la fin du cycle de vie du bâtiment, il suffira d'ajouter un peu d'eau, d'enlever tous les tuyaux et de leur donner un nouvel usage.

41

Avec le Monolith, j'ai été confrontée pour la première fois à des problèmes que je dois maintenant résoudre dans tous les projets que je réalise en Europe. Bien que l'*atakpame* soit un mode de construction ancestral, encore utilisé dans de nombreuses régions du monde, il a été très difficile de le faire approuver par les bureaux de contrôle autrichiens, car plusieurs calculs ne pouvaient pas être vérifiés par les logiciels réglementaires. Le plafond du Monolith a constitué une difficulté particulière. En séchant, l'argile se rétracte. Nous avons donc inclus des éléments rigides en terre cuite pour limiter le retrait et assurer la stabilité sans augmenter le poids. Il n'a pas été possible de justifier la résistance de la voûte en terre par le calcul. En dernier ressort, nous avons empilé des sacs de sable dessus pour réaliser un test de stabilité *in situ* qui nous a permis d'obtenir le feu vert.

C'était une période assez stressante de ma vie : ma fille était encore petite et je devais développer mon agence et préparer mon enseignement, tout en trouvant du temps pour participer à la construction.

41 L'une des alcôves à l'étage de l'espace « Monolith » dans les bureaux d'Omicron.
42 Les formes ont été librement sculptées à la main, sans aucun coffrage. La construction de ce bâtiment a été l'une des expériences physiques de l'architecture les plus intenses de ma vie.

42

Mais chaque fois que j'étais sur le chantier, je sentais à quel point il était apaisant d'avoir les mains dans la terre. Contempler à la fin de la journée ce qu'on a accompli est un excellent moyen pour éviter un burn-out. Bien sûr, il aurait été facile d'exporter les dessins vers une imprimante 3D et de laisser la machine faire le travail. Il existe déjà des robots qui fabriquent des volumes en terre, mais le plaisir de créer soi-même est une motivation intrinsèque. Construire est profondément ancré dans l'ADN humain. Nous nous en sommes détachés aujourd'hui, car nous sommes habitués à acheter des produits finis, mais nous devrions renouer avec ce besoin humain fondamental. Il est facile d'aller dans un magasin et d'acheter des meubles en kit pour se donner l'impression de créer son propre nid – mais ce n'est pas la même chose !

Construire est profondément ancré dans l'ADN humain.

Omicron étant une entreprise d'électronique internationale, nous avions d'abord pensé aux sociétés high-tech de la Silicon Valley et à leurs espaces de travail et de détente à l'esthétique décontractée. Mais nous avons adopté une stratégie complètement différente et préféré une architecture très archaïque. Nous n'étions cependant pas tout à fait sûrs du résultat, et j'étais un peu inquiète quand j'ai vu que le Monolith dégageait une atmosphère presque sacrée. Mais en fait, les trois espaces sont très fréquentés. Je ne suis pas la seule à y ressentir de l'apaisement. Dans le cadre d'excursions ou de séminaires, je m'y rends régulièrement avec des groupes d'étudiants, et c'est toujours là que nous avons les discussions les plus intéressantes.

43

Ce projet nous a également permis de soutenir Dipdii Textiles et d'autres communautés artisanales du Sud global. Harald Rüdisser, responsable du projet au sein de l'entreprise, nous avait également chargés de décorer cinq salles de réunion et des espaces de détente situés dans d'autres parties du bâtiment. À l'époque, je n'étais pas très intéressée par l'aménagement intérieur, mais j'ai sauté sur cette occasion de donner du travail à des artisans. Au final, nous avons collaboré avec onze organisations à vocation sociale qui confectionnent des textiles, notamment au Bangladesh, en Inde, au Ghana et en Afghanistan. Notre client souhaitait que nous nous fournissions sur des marchés locaux. Cela a parfois demandé un effort considérable : pour obtenir les quatorze coussins du Ghana, nous avons écrit plus de soixante-dix courriels ! Mais en fin de compte, l'argent est allé directement aux personnes qui l'avaient gagné et qui en avaient le plus besoin. J'ai trouvé cela merveilleux. Avec ce projet, j'ai également découvert la diversité offerte par les finitions en terre. J'ai testé avec Martin plusieurs types d'enduits décoratifs à relief, qui confèrent à chaque espace un caractère singulier.

Le capitalisme n'est pas une force naturelle. Il est organisé par des hommes, et nous pouvons le changer !

Il est vraiment triste et frustrant de constater qu'il est coûteux de construire en terre en Europe. Avec le Monolith, il m'est apparu clairement que la raison pour laquelle la construction « durable » est chère ne réside ni dans la terre, ni dans le bois, ni dans la paille, ni dans aucun autre matériau écologique. La faute en revient à notre système économique injuste et inéquitable, et nous devons nous y attaquer de toute urgence. Lorsqu'on construit avec des matériaux sains pour le corps et pour la planète, c'est également sain pour la société, car cela crée des emplois et des opportunités. Dans de nombreuses régions du monde, ces matériaux restent les options les moins chères. Il n'est ni normal ni juste de les payer, en Europe, plus cher que ceux qui sont nocifs pour les humains et pour l'environnement. Malheureusement, notre industrie du bâtiment est défendue par de puissants lobbies et bénéficie d'un appui politique. Ce soutien doit cesser au plus vite, car il nous empêche de construire de manière réellement écoresponsable. Le capitalisme n'est pas une force naturelle. Il est organisé par des hommes, et nous pouvons le changer ! •

43 La terre permet une infinité d'expressions artistiques. Ici, dans l'un des espaces partagés d'Omicron Electronics, l'argile forme un relief ornemental ayant un impact positif sur les propriétés hygrothermiques et acoustiques.

DU BANGLADESH À L'EUROPE

UNE PLANÈTE, UNE FAMILLE
À LA RECHERCHE D'UNE STRATÉGIE MONDIALE

——Pendant longtemps, je n'ai pas eu envie de construire en Allemagne. Les très nombreuses réglementations y sont adaptées à l'industrie du bâtiment et soutenues par ses lobbies, et elles entravent, souvent délibérément, les innovations potentielles. Il faut beaucoup de temps et bien des efforts pour sortir des processus de construction conventionnels et éviter l'usage de matériaux industriels. J'ai longtemps pensé que c'était une perte d'énergie. Bien sûr, il n'est pas facile de construire dans des zones rurales reculées, avec des ressources très limitées et des ouvriers non formés, qui ne savent souvent ni lire un plan ni utiliser des outils de mesure. Il faut également beaucoup de temps et d'engagement pour y créer un environnement de travail fécond. Mais je trouve ce processus beaucoup plus gratifiant, car tous les acteurs impliqués profitent de l'expérience. Établir un climat de confiance et apprendre ensemble à surmonter ses peurs est bien plus efficace que n'importe quelle réglementation. À mes yeux, l'Europe comptait bien assez d'architectes, et je ne me sentais ni nécessaire ni vraiment désirée.

Si les premières commandes de clients européens ont tardé à venir, c'est sans doute parce que ma philosophie et mon architecture étaient trop éloignées des standards auxquels ils étaient habitués. Mais j'ai compris peu à peu que ma méthode ne serait vraiment juste et pertinente que si elle était testée et validée dans des pays industrialisés. Je suis allée dans le lointain Bangladesh et j'y ai construit des bâtiments considérés comme exotiques qui m'ont apporté honneurs et récompenses. Mais s'arrêter là m'aurait privée d'une expérience encore plus décisive. J'ai soudain ressenti – et je ressens toujours – le besoin de mettre en œuvre les leçons apprises au Bangladesh dans le contexte du Nord global. Je suis persuadée que nous formons une grande famille humaine partageant la même planète. Il n'existe aucun principe éthique justifiant que nous construisions d'une manière différente dans les régions du monde où la richesse permet d'acheter toutes sortes de ressources en exploitant ceux qui ne possèdent ni les mêmes moyens ni le même pouvoir. Je crois en une stratégie écologique globale, abordable pour tous. Et face aux tensions géopolitiques et aux fractures sociales actuelles, ce processus inclusif et participatif est plus indispensable que jamais.

Une stratégie environnementale qui n'est appliquée que par une partie de la population mondiale n'est pas pertinente. Lorsque nous concevons et réalisons nos bâtiments, il est impératif de penser et d'agir à l'échelle mondiale. Avoir plus d'argent ne signifie pas que nous avons le droit d'épuiser des ressources qui appartiennent à tous. Je veux prouver que l'approche écologique que j'ai menée au Bangladesh est tout aussi applicable dans le contexte européen, voire au-delà, mais également que nous avons beaucoup à apprendre du Sud global. L'intégration des connaissances vernaculaires dans nos processus de construction n'est pas seulement éthique, elle enrichira aussi nos cultures et nos sociétés. •

HORS-LA-LOI POUR FAIRE AVANCER LA LOI
LE COURAGE DE SUIVRE D'AUTRES VOIES

——Il serait tout simplement injuste que je construise en terre pour une congrégation catholique au Ghana et en béton pour l'Église catholique de Bavière. Valoriser les ressources locales et les matériaux naturels, en particulier la terre, est une préoccupation centrale pour moi, et elle est pertinente partout dans le monde. Mais, bien sûr, il est beaucoup plus difficile d'appliquer ces principes en Europe. Pour les projets que j'ai réalisés dans le Sud global, je n'ai jamais suivi de normes ni de réglementations ni de certifications. Je n'avais pour boussole que mon intuition et une vision écologique fondée sur le bon sens. J'applique la même démarche en Allemagne, mais le processus y est accompagné d'un « bruit de fond » incessant, qui entrave les décisions intuitives. La plupart des obstacles rencontrés sont associés à une certaine forme de crainte. Au Bangladesh, je discute des détails avec l'entreprise, les artisans et le client, et nous cherchons ensemble la meilleure solution. Si quelque chose ne fonctionne pas comme prévu, nous en assumons conjointement la responsabilité, et lorsque la situation devient vraiment difficile, nous nous serrons les coudes. C'est ce qui rend l'innovation possible. Je l'ai également expérimenté dans le Vorarlberg[28].

[28] Ce petit land [...]trichien est l'un des [...]us innovants au monde [...] ce qui concerne [...]cologie, les cultures [...]nstructives et la [...]lorisation de matériaux [...]caux dans une archi[...]cture contemporaine.

Une expérience partagée avec Martin Rauch a eu un grand impact sur moi. En 2011, j'ai passé un an à Boston grâce à une bourse du LOEB Fellowship. Dans ce cadre, nous avons réalisé ensemble une installation sculpturale le long de la façade principale de la Harvard Graduate School of Design (GSD) où j'enseignais. Le projet a impliqué environ cent cinquante personnes : étudiants, membres de la faculté et habitants de la région. La construction était interrompue presque quotidiennement à cause d'une nouvelle crainte concernant la responsabilité ou les dommages potentiels. Après ce qui devait être le dixième arrêt des travaux, la patience de Martin était à bout et il s'est écrié : « Je vous le dis clairement : il n'y a pas d'innovation sans risque ! » Son cri du cœur a fait l'effet d'une bombe, et pas seulement pour moi. Après ce coup d'éclat, plus personne n'a osé exprimer la moindre inquiétude.

Bien sûr, il faut avoir la capacité d'assumer les risques et ne pas se lancer à la légère. Cela nécessite une connaissance approfondie des matériaux, de bons artisans, et un client courageux qui soit un véritable partenaire. On peut alors évaluer ensemble les risques et se limiter à ceux dont on est capable de maîtriser les conséquences potentielles. Il faut surtout savoir pourquoi et pour qui on accepte de prendre de tels risques. Cela doit en valoir la peine, et la protection de l'environnement est la meilleure des raisons. Surmonter la crainte d'enfreindre la loi et d'en assumer la responsabilité ne représente cependant que la moitié du défi. Je suis convaincue que la cupidité est l'une des principales causes des problèmes auxquels nous sommes confrontés. En effet, de nombreuses réglementations sont fortement influencées par des intérêts industriels, et les lobbies de la construction utilisent la peur à leur avantage. Dans certains pays, ils ont même réussi à interdire les constructions en terre porteuse si la terre n'est pas stabilisée avec du ciment !

44 Cette installation devant la façade de la Harvard Graduate School of Design de Cambridge, dans le Massachusetts (États-Unis), a été réalisée en 2012 avec Martin Rauch dans le cadre d'une bourse du LOEB Fellowship.

44

Nous accordons aux normes un pouvoir énorme, mais les normes ne sont pas des lois de la nature ! L'hégémonie de la réglementation me semble particulièrement flagrante en Allemagne. Lorsque j'ai interrogé l'architecte japonais Shigeru Ban sur la réalisation de son immense structure en papier pour l'Expo 2000 à Hanovre, il m'a répondu : « Partout dans le monde, les gens se réjouissent lorsqu'il n'y a pas de norme pour un certain type de structure, un matériau ou un détail constructif, car cela crée une zone grise. Et ils exploitent cette lacune avec bonheur. En Allemagne, en revanche, l'absence de norme signifie que c'est interdit et qu'on ne peut pas construire. » Je pense qu'il est parfois justifié de ne pas respecter une norme et, comme dit mon père, de « brûler un feu rouge en conscience ». Car si nous attendons que toutes les exigences réglementaires soient en faveur d'une architecture écologique et économe en ressources, il sera trop tard !

Nous accordons aux normes un pouvoir énorme, mais les normes ne sont pas des lois de la nature !

Il est urgent de remanier en profondeur les règles applicables au bâtiment. Chacune devrait être examinée précisément à la lumière de la question suivante : « Qui en bénéficie ? » Et la nature ne doit pas être exclue de l'équation ! L'amélioration de la sécurité de quelques personnes ne peut pas justifier des méthodes constructives qui consomment de grandes quantités de ressources et impactent le climat. Car il est certain que les dérèglements climatiques auront des répercussions sur tous les habitants de la planète.

Il est essentiel de vérifier les raisons de nos craintes et de s'assurer que le risque est bien réel. En Allemagne, par exemple, l'homologation des sièges pour enfants, des ceintures de sécurité, des airbags et d'autres composants d'une voiture est de plus en plus stricte. Mais pour accroître la sécurité des enfants et des adultes, la limitation de vitesse sur les autoroutes serait une solution beaucoup plus pertinente : la circulation y serait moins dangereuse et les émissions de CO_2 en seraient diminuées, ce qui protègerait également la nature. De tels exemples abondent dans le domaine de la construction. La quantité des ressources consommées pour la protection contre l'incendie est énorme. Il en va de même pour la réglementation acoustique et thermique.

Ce projet est décrit détail → page 115.

Pendant la construction du plancher de l'internat en structure bois du campus Sankt Michael à Traunstein㉙, l'analyse de la physique du bâtiment a fait ressortir la nécessité d'insérer un lait de latex dans le remplissage en gravier, afin d'augmenter l'isolation acoustique d'environ trois décibels et d'atteindre la valeur prescrite par la norme. Nous avons beaucoup discuté avant de décider s'il était acceptable ou non de demander aux futurs jeunes occupants du bâtiment d'être plus attentifs les uns aux autres. Heureusement, cette alternative a été acceptée. Nous avons ainsi évité d'introduire des produits chimiques dans le bâtiment et de produire des émissions de composés organiques volatils (COV) et des déchets dangereux inutiles. Le respect mutuel a primé sur la liberté individuelle poussée à son paroxysme…

Nous devons nous réapproprier notre pouvoir de décision et réapprendre à assumer nos responsabilités.

Si seulement nous avions tous un peu plus d'empathie les uns envers les autres ! Nous pourrions économiser tant de surface si le nombre de personnes qui aspirent à posséder une maison diminuait. Pour maximiser notre liberté individuelle, nous détruisons la biodiversité et des terres agricoles fertiles, nécessaires pour produire notre alimentation. Qu'en diront les générations futures ? L'obstacle majeur à une construction écoresponsable, c'est la peur. La peur du changement, du manque, des erreurs, de ses propres limites, de la responsabilité… Nous avons créé un filet de sécurité virtuel, fait de normes et de polices d'assurance, qui nous donne l'illusion d'être libérés de ce fardeau. C'est ce filet qui nous a piégés. Bien sûr, nous ne devons pas abolir toutes les normes, mais nous devons nous réapproprier notre pouvoir de décision et réapprendre à assumer nos responsabilités.

L'essentiel n'est pas le pouvoir, mais l'émancipation. En fin de compte, il est beaucoup plus utile de faire consciemment ce que nous dit notre voix intérieure. Pour y parvenir, nous avons besoin d'une approche holistique associant tous les niveaux de l'intelligence : intellectuelle, manuelle, émotionnelle, sociale et spirituelle. Atteindre cet objectif est un but important dans la vie. C'est en s'affranchissant de ses peurs et de ses doutes qu'on accède à la véritable liberté et qu'on renoue avec son être profond.

Un autre problème sociétal courant est le désir de perfection. Un désir qui, en fait, est lui aussi une peur, celle de ne pas être à la hauteur. Heureusement, j'ai pu me débarrasser en grande partie de l'étau de ce perfectionnisme. La recherche de la perfection entrave toute forme de participation et provoque une consommation excessive de ressources. Combien d'acier et d'autres armatures pourrions-nous économiser, par exemple, si nous acceptions des fissures non structurelles ? Et combien de tonnes de peinture et d'autres finitions ou adhésifs toxiques pourrions-nous économiser si nous assumions ces imperfections ? Le perfectionnisme mobilise également d'énormes quantités d'énergie que nous pourrions utiliser à meilleur escient. Nous savons tous combien d'efforts il faut déployer pour atteindre les derniers 10 % de perfection sur un chantier. Est-ce vraiment indispensable ? N'existe-t-il pas des objectifs plus pertinents sur lesquels concentrer notre attention ? Une poignée de porte n'est qu'une poignée de porte. Bien sûr, c'est un beau geste si elle est magnifiquement dessinée, et je suis heureuse lorsque je découvre des détails bien pensés et bien exécutés. Mais l'effort doit rester proportionnel au résultat. Ces détails occultent souvent les sujets pour lesquels il vaut la peine de se battre, par exemple la suppression des matériaux cachés, nocifs pour la santé des humains et de la planète.

Construire sous des climats tropicaux fut pour moi une leçon très instructive. Rien n'y reste parfait bien longtemps, et c'est en quelque sorte libérateur. Je refuse également d'être parfaite en Allemagne ! Si la conception a vraiment du sens et si l'architecture est belle, nous pouvons tolérer quelques imperfections dans les détails. C'est ce qui rend les bâtiments humains ! Dans l'architecture islamique, on intègre même délibérément des erreurs, par exemple dans les ornementations, pour montrer que seul le divin est parfait. Une position très sympathique… •

LA BEAUTÉ DES MATÉRIAUX NATURELS
CENTRE DE SOINS AYURVÉDIQUES ROSANA À ROSENHEIM

——— Un des avantages des bâtiments en matériaux naturels est qu'ils ne sont, par nature, jamais tout à fait parfaits. Ils sont vivants, et cela nourrit l'âme ! C'est ce que nous disent les curistes qui résident dans la *Waldhaus*[30], la maison d'hôtes que j'ai conçue avec Martin Rauch en 2019 pour le centre de soins ayurvédiques RoSana à Rosenheim, en Allemagne. Pour compléter l'hébergement existant, nous avons planifié un petit bâtiment avec quatre chambres et un appartement pour le personnel, en essayant de l'insérer le plus délicatement possible dans son milieu naturel. La forêt alluviale qui jouxte le site offre des ressources utilisables dans la construction : bois, saule et argile. Pour une intégration harmonieuse avec son environnement, la maison d'hôtes a donc une structure porteuse en bois, des murs en pisé et une façade tressée en tiges de saule non pelées et non traitées. Ces trois matériaux sont, par nature, polychromes. Leur surface, très vivante, présente de petites fissures et des nuances de couleurs. De temps en temps, une petite pierre se détache du mur en pisé. La nature ne connaît pas les angles droits. La maison d'hôtes serpente donc organiquement le long de la petite plaine inondable, qu'elle surplombe comme un nid d'oiseau géant.

[30] « maison de la forêt » [NdT].

C'est parce qu'ils se sentent physiquement et mentalement surchargés, donc fragiles, que les patients viennent au centre de soins ayurvédiques RoSana. Si certains sont épuisés, c'est peut-être parce qu'ils cherchent constamment à atteindre la perfection, sans y parvenir. Il me semble qu'un environnement parfait entraverait le processus thérapeutique. S'accepter soi-même, avec toutes ses faiblesses, est souvent le premier pas vers la guérison. De nombreux hôtes nous disent qu'ils apprécient la *Waldhaus* parce qu'ils ont l'impression de se fondre dans la nature et que les chambres les protègent sans les isoler.

Le parti pris de la conception était une réduction à l'essentiel. Mais se concentrer sur l'essentiel ne signifie pas seulement diminuer la taille d'un projet. Il faut créer des ambiances singulières rendant l'expérience spatiale unique et passionnante. De cette manière, la frugalité n'est pas

45 Façade est de la maison d'hôtes du centre de soins ayurvédiques RoSana de Rosenheim, en Bavière, érigée en 2021 en lisière de la forêt alluviale.

46

47

perçue comme une réduction de la qualité. Les hôtes séjournent généralement à RoSana pendant deux ou trois semaines, et ils passent beaucoup de temps dans leur chambre. Avec une surface d'environ 14 mètres carrés, celles de la *Waldhaus* sont relativement petites par rapport aux autres hébergements proposés dans le centre. Nous pensons que ces dimensions modestes peuvent aider les patients à retrouver une paix intérieure. Le bien-être n'est pas une question de mètres carrés, mais de justes proportions, de qualités haptiques et de mise en œuvre artisanale. Dans la maison d'hôtes, les matériaux laissent transparaître leurs nuances subtiles, en particulier ceux qui sont à base de terre : le pisé archaïque, la surface veloutée de l'enduit, les carreaux de céramique faits à la main, la finition en argile et caséine finement crémeuse pour le sol et le mobilier. Il en résulte une profonde harmonie, à l'intérieur comme à l'extérieur, car ce qui est bon pour la nature l'est aussi pour l'être humain. •

46 Façade ouest de la maison d'hôtes du centre RoSana, construite en terre crue, bois et saule. 47 Une des chambres d'hôtes du centre RoSana.

LE VRAI COÛT DES MATÉRIAUX
CAMPUS SANKT MICHAEL À TRAUNSTEIN

——— Mon projet suivant en Allemagne fut le campus Sankt Michael à Traunstein pour le diocèse de Munich-Freising. J'ai été chargée de la conception d'un nouvel internat, avec Köhler Architekten, ainsi que du bâtiment central du campus en pisé, à réaliser avec Romstätter Architects. La structure en bois de l'internat a été montée en novembre 2020 et le chantier s'est achevé au printemps 2024. Celui du bâtiment central a démarré plus tard, car nous devions obtenir pour le pisé une justification technique spécifique, et l'ouverture est prévue au printemps 2025. Ce projet m'a coûté énormément d'énergie ! Pas seulement à cause de son envergure, mais aussi parce qu'il introduit dans cette région assez conservatrice plusieurs innovations constructives. Le forum a une façade en pisé entièrement exposée aux intempéries, dont la moitié est porteuse. L'entreprise de Martin Rauch, Lehm Ton Erde, a préfabriqué les éléments d'une épaisseur maximale de 75 centimètres.

Au début de la conception, tous les murs étaient prévus en pisé porteur, mais finalement la moitié seulement le sont. Comme tout bâtiment, celui-ci reflète les forces à l'œuvre, y compris la puissance dominante de notre industrie de la construction : les réglementations, les normes, les exigences de sécurité et les coûts. Pour la seconde partie du projet, je n'ai pas pu concrétiser toutes mes intentions, et nous avons dû introduire des éléments porteurs en béton à certains endroits. Cela me dérange énormément, mais j'ai dû m'y résigner, car la pression pour trouver une solution abordable était immense. Lorsque nous avons lancé le chantier en 2022, le coût des matériaux de construction augmentait de façon spectaculaire. Au même moment, un nombre important de fidèles a quitté l'Église catholique, ce qui a eu un impact sur le budget de nos clients. Nous avons donc été obligés de faire des compromis...

Sur l'orientation la plus exposée aux intempéries, la façade extérieure en pisé n'a pas atteint les objectifs fixés lors des tests de stabilité mécanique réalisés par le centre d'essai Fraunhofer : selon ses calculs, le mur s'effondrerait en cas de pluie prolongée. Pourtant, les trente années d'expérience de Martin Rauch en Suisse et en Autriche – pays dans lesquels ce type d'évaluation n'est pas demandé – montrent qu'ils peuvent tenir sans problème. Finalement, la façade n'est pas porteuse. Martin a accepté d'assumer le risque, et, si cela s'avère nécessaire, nous planterons du lierre pour protéger des intempéries les zones les plus exposées de la façade. En Suisse, les murs en pisé de la Maison des plantes de Ricola㉛ sont toujours debout dix ans après leur édification par Martin Rauch, et ils restent d'une beauté époustouflante. Notre bâtiment de Traunstein, lui, a encore un pied dans un système dépassé et terriblement rigide : les décisions sont uniquement dictées par des chiffres, sans tenir compte de l'expérience, de la preuve empirique, ni du bon sens. Ce forum démontre également qu'il est possible de faire autrement ! Je suis profondément reconnaissante de ce que ce projet représente: il s'agit enfin d'un bâtiment public en terre crue où l'on peut déguster un café, immergé dans une atmosphère unique, entouré de murs en terre qui assurent sécurité et stabilité... sans craindre que les murs ne se détériorent sous la neige ou la pluie, comme tant le redoutent !

㉛ Le Kräuterzentrum de l'entreprise de confiserie Ricola, situé à Laufon (Suisse), a été conçu par Herzog & de Meuron Architects.

Tout projet est un exercice d'équilibriste qui suscite de nombreuses questions : « Jusqu'où puis-je repousser les limites ? Jusqu'où puis-je porter l'innovation sans risquer l'effondrement ? » Au final, plus de la moitié des murs en pisé du campus Sankt Michael sont porteurs, et nous avons pu éviter les poteaux complémentaires en béton armé demandés pour le campus Alnatura㉜. Chaque nouveau bâtiment en terre continue ainsi d'élargir le champ des possibles, comme le hall de l'usine de Martin Rauch à Schlins, dont le système constructif hybride associe une façade porteuse en pisé et une autre en bois.

㉜ Le Campus Alnatura à Darmstadt (Allemagne), conçu par Haas Cook Zemmrich, a également été mis en œuvre par Martin Rauch.

Je médite chaque jour. Cela m'aide à différencier les luttes qu'il est utile de mener de celles qui sont perdues d'avance, et qu'il vaut mieux laisser tomber pour ne pas gaspiller mon énergie. Je sais que je ne peux pas gagner tous les combats. Mais je sais aussi qu'il existe des domaines dans lesquels j'ai du pouvoir, et je veux l'exercer, car je considère qu'il est de ma responsabilité de m'engager pour des causes justes. Pour naviguer sur ce terrain, je m'appuie sur le « modèle d'apprentissage » inspiré au pédagogue allemand Tom Senninger par la théorie de Lev Vygotsky sur la « zone proximale de développement ». Senninger a défini trois zones : la zone de

confort, la zone d'apprentissage et la zone de panique. Pour tout projet, il me semble important de sortir de sa zone de confort, où tout reste immuable, ce qui se traduit en architecture par le maintien du *statu quo* et la priorité absolue à la sécurité. Ce n'est qu'en dehors de la zone de confort, dans la zone d'apprentissage, que l'on sort des sentiers battus et que l'on peut innover. Au-delà de cette zone d'apprentissage vient la zone de panique. C'est là que l'on passe en mode survie, que la collaboration devient vraiment difficile et que le projet risque d'échouer. Je suis généralement au bout de la zone d'apprentissage et parfois très proche de la zone de panique. Bien sûr, cette position peut s'avérer très délicate. Mais quelle joie quand on peut surmonter les contraintes imposées ! La lutte en valait alors vraiment la peine.

L'énergie la plus importante et la plus créative, celle de l'être humain, doit redevenir abordable.

À chaque nouveau projet, j'essaye de repousser les limites. Les compromis ne peuvent pas devenir une excuse. Nous devons aussi nous efforcer de modifier le cadre de notre profession. J'appelle à la vérité du coût des matériaux chaque fois que j'ai l'occasion de m'exprimer en public, par exemple lors d'une cérémonie d'anniversaire organisée par l'Ordre régional des architectes bavarois ou d'une remise de prix à la Commission européenne à Bruxelles. Je l'ai dit également au Caire en 2019, lors du Forum international LafargeHolcim pour la construction durable, devant les représentants des principaux acteurs mondiaux de l'industrie du bâtiment. Il n'est tout simplement pas acceptable qu'un mur en terre neutre en carbone, construit avec une ressource locale par des artisans de la région, coûte plus cher qu'un mur en béton armé ! Il est important que nous, citoyens du monde et experts de la construction, demandions clairement que cela cesse ! La santé de la planète passe par une véritable taxe sur les émissions de CO_2. Il est primordial que le prix d'un matériau reflète aussi sa capacité à être réutilisé, et j'entends par là un véritable réemploi, et non pas un simple recyclage. L'impact sur l'environnement à la fin du cycle de vie d'un bâtiment, lorsque les déchets seront traités, doit également être pris en compte. Les matériaux et les processus reposant sur des ressources non renouvelables et émettant du CO_2 devraient être lourdement taxés, tandis que l'énergie humaine – le travail de ceux qui mettent en œuvre les bâtiments – devrait bénéficier d'allègements fiscaux et de subventions. L'énergie la plus importante et la plus créative, celle de l'être humain, doit redevenir abordable.

Je suis très souvent confrontée à l'argument selon lequel l'écologie est un luxe que presque personne ne peut s'offrir, surtout pas dans le

48 Sur le chantier du Campus Sankt Michael à Traunstein, en Bavière, les éléments préfabriqués en pisé ont été empilés les uns sur les autres, puis retouchés.

domaine du logement social. Mais je trouve insupportable que les facteurs sociaux soient opposés aux facteurs écologiques. C'est l'argument favori des politiciens, car il garantit le maintien du *statu quo*. Mais sans une planète en bonne santé, il n'y a pas d'action sociale, ni même de vie… et l'économie ne peut pas prospérer non plus ! Par conséquent, la protection de l'environnement doit être considérée comme plus urgente que la croissance économique et les préoccupations sociales qui vont au-delà des besoins fondamentaux. Nous ne pouvons malheureusement pas repousser l'action jusqu'à des temps plus fastes. Toutes les mesures préjudiciables à la planète que nous prenons aujourd'hui impliqueront plus tard des dépenses compensatoires. Plus nous attendons, plus les dommages sur le climat s'aggravent, et plus la facture finale sera élevée. L'argument selon lequel la construction en terre est un luxe, alors que les personnes les plus pauvres du monde construisent en terre, est en fait ridicule.

Bien sûr, tout ne peut pas changer du jour au lendemain, d'un coup de baguette magique. Mais comment apporter une solution dans une phase de transition, alors que les constructions en terre ou avec d'autres matériaux écologiques sont encore plus chères que celles en béton et en acier ? L'une des réponses est la réduction du volume bâti. Une conception intelligente peut diminuer notablement la surface. Sur le campus Sankt Michael à Traunstein, les clients avaient prévu à l'origine un immeuble indépendant pour l'une de leurs organisations partenaires. Mais au cours de la conception, nous avons pu intégrer ces fonctions dans le bâtiment principal, construit en pisé, afin d'éviter d'imperméabiliser inutilement le terrain. Notre budget a alors explosé, car l'annexe devait être édifiée en matériaux conventionnels. Avec les différentes équipes de conception, nous avons passé chaque pièce en revue – y compris dans le bâtiment voisin existant – pour voir s'il serait possible de supprimer un étage. Cette démarche est allée bien au-delà de ce qui se fait habituellement sur un projet, et elle a nécessité une intense communication entre tous les acteurs concernés. Mais en fin de compte, nous avons réussi à passer de trois étages à deux. Quand on examine en profondeur tous les facteurs et toutes les possibilités, une solution finit toujours par émerger. •

LE POUVOIR DE LA PARTICIPATION
AUTEL DE LA CATHÉDRALE SAINT-PIERRE DE WORMS

——— Outre la prise en compte du coût réel des matériaux, j'aimerais que la construction devienne plus simple. Cela faciliterait également les processus participatifs. Dans notre société de plus en plus divisée, la participation est particulièrement importante : elle crée des relations positives entre les personnes, favorise la confiance et engendre un sentiment de communauté. J'en ai fait l'expérience avec l'autel de la cathédrale Saint-Pierre de Worms, que j'ai conçu avec Martin Rauch.

La cathédrale de Worms est un édifice tout à fait unique, tant sur le plan historique – c'est une cathédrale impériale romane – que sur le plan architectural, en particulier à l'intérieur. Dans le chœur trône un maître-autel de style baroque, conçu par le célèbre architecte allemand Balthasar Neumann. Après le concile Vatican II, au milieu des années 1960, les prêtres ont célébré la messe en se tournant vers l'assemblée des fidèles. Dans la cathédrale de Worms, une simple table en bois a fait alors office d'autel. Cette solution, qui devait être temporaire, a duré plusieurs décennies, mais en 2018, les paroissiens ont été unanimes : à l'occasion de son millénaire, la cathédrale devait enfin avoir un nouvel autel. Les autorités religieuses étaient conscientes de la gravité de cette décision : Comment compléter un ensemble de Balthasar Neumann quasiment parfait, surtout à cet endroit central ? Ils ont donc décidé d'organiser un concours.

C'est lors du dernier tour de ce concours sur invitation que Martin et moi avons finalement été autorisés à présenter notre idée aux paroissiens. Il ne restait que deux équipes en lice. L'autre avait dessiné un objet en acier, qui devait être réalisé dans un atelier avant d'être mis en place dans l'église, « prêt à l'emploi ». Notre approche était totalement différente. Au lieu de déposer un objet fini dans la cathédrale, nous avons proposé d'apporter des outils et de travailler avec la communauté pour construire l'autel à partir de la terre locale. Lors de la présentation, nous avons vu combien les fidèles, surtout les femmes, étaient enthousiastes à l'idée de participer à la construction. Ils s'ima-

49

ginaient déjà en train de pousser des brouettes et de compacter la terre à l'intérieur de la cathédrale. Soudain, le choix n'était plus une décision rationnelle, mûrement réfléchie et logiquement argumentée. La perspective de faire partie du projet était pour eux tellement excitante qu'une véritable tempête d'idées a émergé spontanément : « Je suis volontaire pour préparer la soupe ! », « Je voudrais contribuer ! », « Ne serait-il pas préférable que les enfants de la maternelle dament la terre avec leurs pieds nus ? » Et cet enthousiasme n'a pas cessé de croître tout au long du processus.

49 L'autel de la cathédrale de Worms, en Rhénanie-Palatinat, a été construit en terre, en 2018.

Au départ, nous avions prévu de déposer des objets historiques entre les différents lits de terre battue, mais à partir de la quatrième couche, les paroissiens ont commencé à apporter des objets personnels : l'amulette de leur grand-mère, une lettre importante, des graines de la meilleure vigne de la région, les cartes postales d'un voyage commun à Rome. D'autres sont arrivés avec des articles de journaux sur des événements dont ils étaient fiers ou qui étaient importants pour la communauté. Les enfants de la maternelle ont aussi amené des objets... tous couverts de paillettes roses ! Le prêtre, très motivé par ailleurs, a montré peu d'enthousiasme à l'égard des paillettes, mais tout a été inclus et documenté. Nous avons partagé de nombreux moments d'émotion, mais j'ai été particulièrement touchée lorsque deux religieuses indiennes, vivant à Worms depuis longtemps, ont versé une poignée de terre indienne dans le coffrage avec les larmes aux yeux. Il était soudain tellement tangible que la terre est bien plus qu'un simple matériau de construction !

Les habitants des pays industrialisés n'utilisent pas suffisamment le pouvoir social qui découle d'une construction participative.

La Terre est notre foyer. La terre est la base de la vie, c'est pourquoi elle a bien plus de valeur que l'or qui orne tant d'églises catholiques. Combien d'exploitation, de souffrances et de conflits sont associés à ces matières précieuses ? La terre, en revanche, est vivante. Elle nourrit, apporte l'abondance et génère une architecture belle et protectrice. Je ressens une telle gratitude envers ce merveilleux élément, qui nous a été confié pour que nous en prenions soin. Lorsque l'argile passe de main en main sur un chantier – ce qui se produit généralement avec un grand plaisir –, je me dis toujours que ce matériau n'a ni cupidité ni violence inhérentes. Et je suis convaincue que chacun peut le ressentir à sa manière.

Dans la cathédrale de Worms, le moment où nous avons enlevé ensemble le coffrage et vu l'autel se dresser devant nous pour la première fois a été incroyablement touchant. Enfants de chœur, choristes, demandeurs d'asile, prêtres, agronome athée, personnes en situation de handicap, maîtresse de l'école maternelle... nous avons tous été profondément émus. Je conserve de ce projet une autre image marquante : toute l'équipe installée joyeusement autour de l'autel, longtemps après la fin de la dernière journée de travail, pour évoquer notre moment préféré dans cette aventure. Au cours des cinq jours passés sur le chantier, nous sommes devenus une vraie équipe, car nous nous sommes soutenus mutuellement pour atteindre notre objectif commun. Cela m'a frappée de plein fouet : agir et construire ensemble recèle un grand pouvoir, et nos sociétés ont urgemment besoin de le redécouvrir. Comme l'a écrit l'architecte égyptien Hassan Fathy : « Un homme ne peut pas construire une maison, mais dix hommes peuvent très facilement construire dix maisons, voire cent(33). »

50

Pour construire, il faut une communauté, un soutien mutuel et du soin. Au milieu de la magnificence de l'or, du bois précieux et du marbre, il m'est apparu clairement que les sociétés européennes ne manquent pas vraiment de biens matériels, mais plutôt de relations humaines profondes et de la volonté de travailler ensemble pour atteindre un but partagé. Contrairement aux cultures traditionnelles, dont certaines sont encore préservées dans les pays du Sud global, les habitants des pays industrialisés n'utilisent pas suffisamment le pouvoir social qui découle d'une construction participative. Dans le passé, il était tout à fait naturel que les gens se réunissent pour édifier une église, une mosquée ou une école, ou pour s'entraider lors de la réalisation de leurs maisons. Le lien étroit créé par une action commune, je l'avais déjà ressenti dans ma jeunesse durant les camps scouts, et plus tard au Bangladesh. J'ai été très heureuse d'en faire à nouveau l'expérience en façonnant le Monolith d'Omicron, puis l'autel de la cathédrale de Worms. Le pouvoir social inhérent à l'action collective est tellement efficace : il peut être véritablement rassembleur, voire guérisseur.

Le processus est aussi important que le résultat.

Face à la complexité des défis mondiaux actuels, il ne suffit plus d'atteindre efficacement les objectifs d'un projet. La manière dont nous parvenons à ces objectifs est la question principale ! « Le processus est aussi important que le résultat » est l'une de mes phrases préférées du « Laufen Manifesto for a humane design culture(34) ». Dans ce manifeste lancé en 2013, nous nous sommes engagés à œuvrer pour un changement écologique et social. Le fait d'écrire collectivement avec vingt architectes, paysagistes ou constructeurs issus d'une douzaine de pays nous a permis d'expérimenter réellement ce que cette phrase signifie.

La formation des architectes est généralement focalisée sur le produit final, et la mise en place du processus n'y est pas suffisamment abordée. On renonce ainsi à une grande partie de notre capacité à influen-

(33) Hassan Fathy. *Architecture for the poor. An Experiment in Rural Egypt* [Architecture pour les pauvres. Une expérience dans l'Égypte rurale].

(34) Anna Heringer, Andres Lepik, Hubert Klumpner, Peter Rich, Line Ramstad, Peter Cachola Schmal, Andrés Bäppler, Emilio Caravatti, Dietmar Steiner, Christian Werthmann, Martin Rauch, Dominique Gauzin-Müller, Helena Sandman, Enrico Vianello, Rahul Mehrotra, Alejandro Restrepo, Susanne Hofmann, Anh-Linh Ngo, Luis Fernández-Galiano, Alejandro Echeverri, « Laufen Manifesto for a Humane Design Culture » [Manifeste de Laufen pour une culture humaniste de l'architecture, de l'urbanisme et du paysage], novembre 2013, https://tinyurl.com/mrxnchaa. (29.4.2024).

cer la société. Lorsque je commence un nouvel atelier dans les universités où j'enseigne régulièrement, par exemple à Linz, au Liechtenstein, à la Harvard Graduate School of Design ou à l'école polytechnique fédérale de Zurich, je demande d'abord aux étudiants quels sont les espaces qu'ils préféraient lorsqu'ils étaient petits. Comme moi, la plupart aimaient les zones intermédiaires : la protection d'un espace semblable à une grotte et une vue panoramique sur leur environnement. Les gens me disent aussi souvent que quand ils étaient enfants, ils voulaient faire les choses par eux-mêmes et participer au processus. Et ces envies ne disparaissent pas à l'âge adulte ! Nous avons besoin de faire l'expérience de notre propre énergie et de notre propre pouvoir afin de croire en l'impact que nous pouvons avoir dans ce monde.

Dans le secteur du bâtiment, une approche holistique est indispensable, et elle doit être introduite dès les études d'architecture. La formation à un design intuitif et à la communication fait actuellement défaut. Il suffit d'être quelque peu intelligent pour trouver des arguments et défendre n'importe quel projet – mais pour être vraiment pertinente, une solution doit être globalement cohérente. Nos missions de conception sont tout simplement trop complexes et trop importantes pour être appréhendées de manière purement rationnelle. Et on peut aussi bien entraîner son intuition que ses capacités d'analyse et de déduction. •

50 Au moment où le coffrage de l'autel en pisé a été retiré, la puissance de notre travail collectif est devenue visible.

LE VRAI POUVOIR FÉMININ
L'ESPACE DE NAISSANCE DE HITTISAU

51

——— Être une femme dans un secteur de la construction encore dominé par les hommes est un véritable défi ! On me demande souvent comment je me sens dans ce contexte. En général, mon interlocuteur imagine que je vais lui expliquer combien il a été difficile pour une jeune femme de travailler dans un pays musulman comme le Bangladesh. Mais en fait, mon genre n'a jamais été là-bas un sujet de discussion ! En tant que femme sur le chantier, je ne me suis jamais sentie victime de discrimination, et personne ne m'a manqué de respect. Bien sûr, j'ai été mise à l'épreuve, mais mes compétences et la sympathie mutuelle ont finalement bien plus compté que mon genre. En outre, le fait de travailler avec les ouvriers sur un pied d'égalité a permis de rompre les hiérarchies habituelles. Quel que soit leur statut, tous ceux qui participaient au chantier effectuaient tous les types de tâches – même celles que les Bangladais considèrent généralement comme inférieures, par exemple porter les matériaux dans des paniers sur la tête.

Il a été bien plus difficile d'être prise au sérieux en tant qu'architecte en Allemagne, et j'ai beaucoup de mal à accepter la concurrence égoïste qui règne dans le milieu professionnel. Je ne supporte pas la mentalité compétitive qui prévaut toujours entre les architectes. Quel défilé d'ego ! Le pire, c'est que cela fonctionne encore : plus l'ego est grand, plus les caprices sont nombreux, et plus l'architecte est considéré comme un génie et entouré d'une cour d'admirateurs. Sans oublier les stratégies patriarcales des « clubs de vieux copains » se renvoyant l'ascenseur, qui sont d'une efficacité déprimante. Souvent, les femmes sont tout simplement mises à l'écart. Il n'existe qu'une solution pour y remédier : nous, les femmes, devons nous serrer les coudes et ne laisser aucune place à la jalousie ni à la concurrence. Le milieu de la construction a vraiment besoin de plus de diversité, et la solidarité féminine est le meilleur moyen pour obtenir la place qui nous revient.

Il est extrêmement important d'avoir des modèles féminins et d'échanger avec des amies qui partagent des expériences similaires. Au début

de mon parcours, j'ai été influencée, entre autres, par Helena Sandman, Saija Hollmén et Jenni Reuter, les trois Finlandaises qui ont écrit en 1995 une nouvelle page de l'histoire de l'architecture avec leur centre des femmes au Sénégal. Yasmeen Lari est un autre modèle à suivre : elle a tellement d'énergie et de passion malgré son âge, et pas la moindre trace de fatigue ! Et bien sûr, je suis très inspirée par des amies comme Marina Tabassum, Anupama Kundoo, Xu Tiantian, Verena Konrad, Laura Weißmüller et Line Ramstad. J'ai aussi toujours été soutenue par Kristin Feireiss, Martha Thorne, Angelika Fitz, Anne Lacaton, Toshiko Mori et Jana Revedin, ainsi que par Lindsay Blair Howe et Clarissa Rhomberg, avec qui j'ai enseigné et eu de nombreux échanges féconds. L'appui vient aussi d'Elke Burmeister, mon infatigable collaboratrice de Dipdii Textiles, et naturellement des membres de ma merveilleuse équipe qui se sont succédé au fil des années. Mais le soutien principal vient de Dominique Gauzin-Müller, sans qui ce livre n'existerait pas. Ah !, il y a tant de femmes d'exception dans l'architecture, que je ne peux pas les citer toutes… Interagir avec elles me donne de la force. Les encouragements mutuels nous aident à repousser les sentiments négatifs et à ne pas sombrer dans la victimisation. Le partage est si important !

N'imitez pas les comportements masculins. Concentrez-vous sur ce que vous, en tant que femme, pouvez apporter à la société.

Plus je me concentre sur les injustices que je rencontre dans ma vie quotidienne de femme architecte (et elles sont nombreuses !), et plus je me mets en colère. Mais la colère fait gaspiller beaucoup d'énergie sans aucun résultat. Il est important de s'attaquer à ce qui ne va pas, au moment où ça ne va pas. Mais il est encore plus important pour moi de soutenir mes jeunes collaborateurs, qui sont presque exclusivement des femmes. Je me réjouis quand ils créent leur propre agence après avoir travaillé quelque temps dans mon studio.

Je me donne parfois à moi-même quelques conseils que j'aimerais partager avec d'autres femmes architectes. Tout d'abord, ne perdez pas de temps à vous plaindre, car cela ne sert à rien. Ne jouez pas les victimes ! Faites confiance à votre leadership : oui, nous sommes dignes d'être au premier rang. Encouragez-vous les unes les autres et oubliez la compétition. N'imitez pas les comportements masculins. Concentrez-

51 Ma fine équipe en 2021 (de gauche à droite): Lucía Perianes, Ana Vives, Stefania Bellato, Katharina Kohlroser, moi et Livia Mikulec. 52 Cet « espace de naissance et des sens » est le prototype d'un lieu pour l'accouchement en terre crue, réalisé en 2020 pour le musée de la Femme de Hittisau dans le Bregenzerwald, au Vorarlberg. (→ pages suivantes)

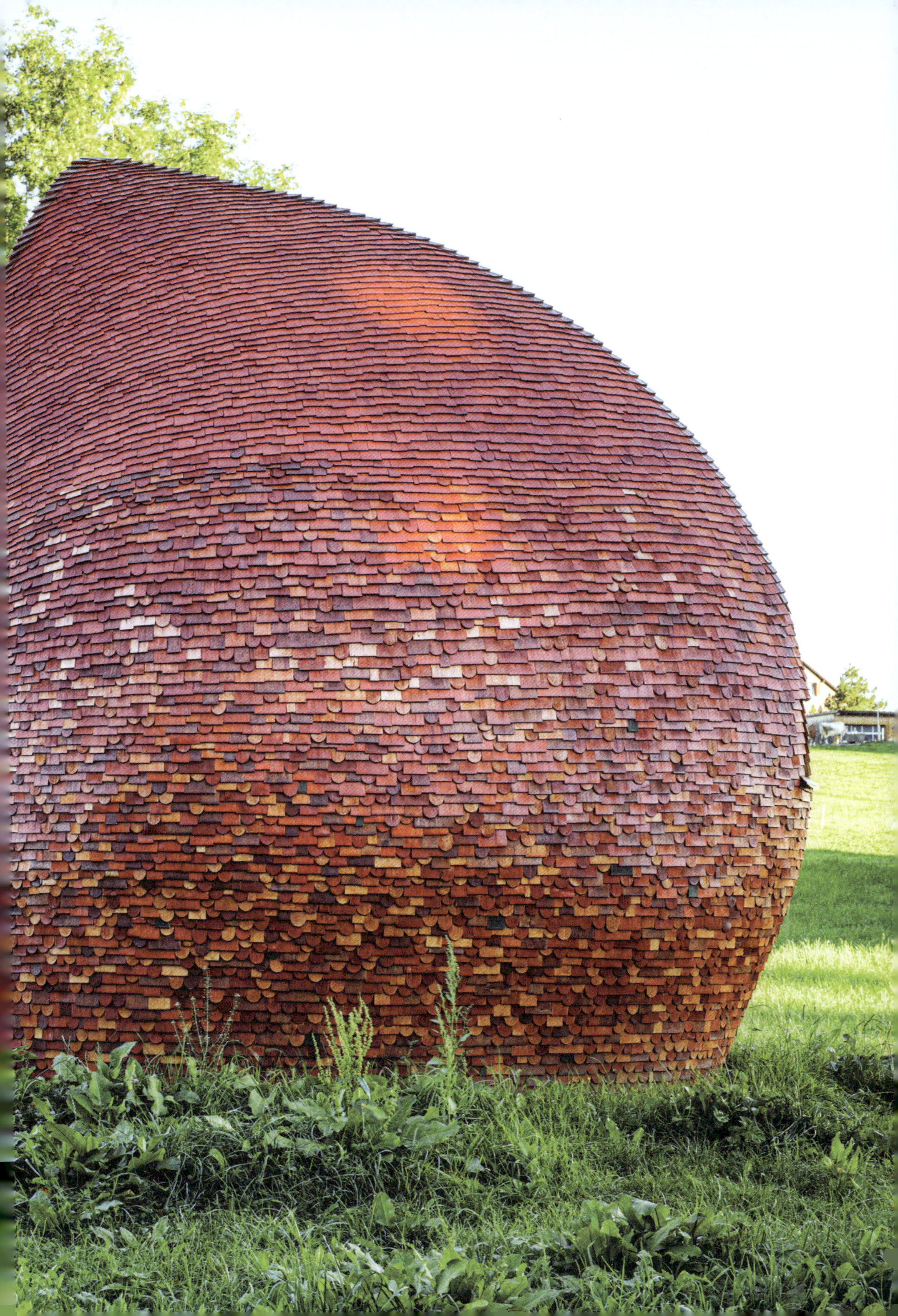

vous sur ce que vous, en tant que femme, pouvez apporter à la société. La présence des femmes devient ainsi un réel avantage pour tous, et nous pouvons travailler en équipe avec des hommes dans un respect mutuel, en profitant de nos qualités complémentaires. Plus encore que l'augmentation du nombre de femmes architectes, j'attache de l'importance à la manière dont nous pouvons intégrer davantage de qualités féminines dans la pratique et l'enseignement de l'architecture.

Les réflexions sur la féminité ont été très présentes dans le cadre d'un projet pour le musée de la femme à Hittisau, un village du Bregenzerwald[35]. En 2020, Anka Dür, Martin Rauch, Sabrina Summer et moimême avons été chargés de développer le prototype d'un « espace de naissance » à côté du musée. Quelle magnifique mission !

53

Lorsque j'ai commencé à réfléchir à ce projet, j'ai été surprise de constater que certaines typologies architecturales étaient encore inexplorées. Nous avons des espaces pour presque tout. Mais aucun n'a été pensé pour le plus grand acte créatif de l'être humain (de la femme !), c'est-à-dire donner la vie. C'est comme si cela ne jouait aucun rôle dans l'architecture. Le sujet est simplement résolu de manière fonctionnelle, et réduit à une salle d'accouchement à l'hôpital. Pourtant, la naissance d'un enfant n'est pas un processus technique. C'est tellement plus que cela ! Les conditions de sa naissance façonnent la biographie de chaque personne.

[35] Une région montagneuse au cœur du Vorarlberg, en Autriche.

Quand j'ai imaginé l'enfant sortant du ventre chaud et sombre de sa mère, et passant par l'étroit canal de naissance avant de voir le jour, plusieurs questions ont émergé : « Comment concevoir l'espace qui va accueillir les premiers instants de la vie d'un être humain et son arrivée dans notre monde, afin que l'expérience soit aussi belle pour la mère que pour l'enfant ? Comment favoriser l'instauration d'un sentiment de sécurité dans cet espace ? Et comment la femme peut-elle être soutenue dans ce grand acte créatif ? » La sensualité joue un rôle important dans l'ouverture et l'élargissement du bassin. Et il n'y a pas de matériau de construction plus sensuel que la terre, qui, quand elle est humidifiée, est façonnée au gré du mouvement des mains. Dans l'espace de naissance de Hittisau, cela se manifeste à travers les traces

53 Anka Dür teste une position d'accouchement dans notre prototype. 54 L'intérieur de l'espace de naissance est enduit d'argile et de *tadelakt*, une finition spéciale à base de chaux.

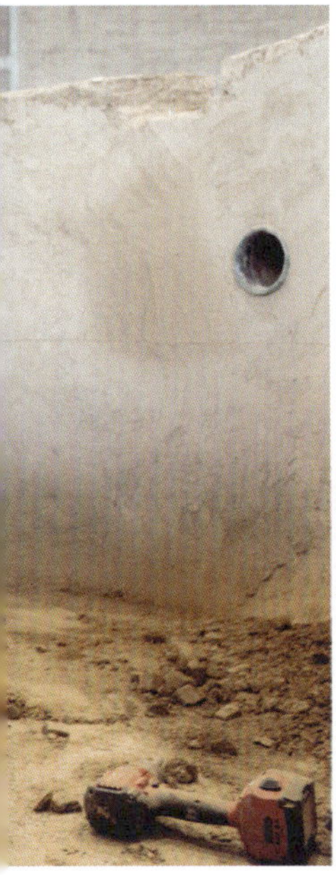

54

clairement perceptibles laissées à la surface du matériau par celles et ceux qui l'ont réalisé.

La forme du bâtiment fut à nouveau le résultat d'un processus intuitif de claystorming. Elle évoque le ventre rebondi d'une femme enceinte. Les trois lignes de contour de la courbure se rejoignent au sommet, au-dessus d'une grande fenêtre qui laisse pénétrer un faisceau lumineux à l'intérieur. L'espace est archaïque, spirituel et sensuel. Le rationnel doit rester à l'extérieur pour laisser la place à l'émerveillement de la naissance.

Pour la concrétisation de ce projet, nous n'avons pas trouvé de sponsors parmi les institutions ni les entreprises, mais plus de quatre cents femmes du Bregenzerwald y ont contribué financièrement. La plupart d'entre elles souhaitaient également mettre la main à la terre. En conséquence, la proportion de femmes sur le chantier fut diamétralement opposée à celle que l'on rencontre habituellement. Travailler dans cette ambiance de sororité a éveillé chez moi un sentiment très particulier, et je me suis demandé ce que voulait dire « être une femme ». Je suppose que nous portons tous en nous à la fois des attributs masculins et féminins et que, selon notre personnalité intrinsèque, nous penchons dans une direction ou dans l'autre. J'aimerais tellement que la prédominance des comportements masculins soit remplacée par des attitudes plus inclusives, et que nous puissions trouver une alternative intégrant également le féminin.

La quête constante du plus haut et du plus grand, de l'efficacité, du contrôle et de la rationalisation, ainsi que la fascination pour la nouveauté et l'utilisation excessive de la technologie, sont autant de caractéristiques plutôt masculines. Pour atteindre un juste équilibre, elles devraient laisser un peu de place à l'intuition, à la bienveillance et à la compassion pour le vivant, humain et non humain. L'approche actuelle, dominée par les hommes, ne nous a pas seulement conduits à la surexploitation des ressources et à l'urgence climatique, mais aussi à l'injustice sociale, en raison du manque d'empathie et de l'accent mis sur les résultats plutôt que sur le processus. •

MÈRE ET ARCHITECTE
UN NUMÉRO D'ÉQUILIBRISTE AU QUOTIDIEN

——— Travailler en tant qu'architecte tout en assumant ses responsabilités de mère est un exercice d'équilibriste quotidien. J'ai la chance de partager la parentalité avec mon mari Stefan, qui se consacre lui aussi pleinement à sa passion dans le cadre professionnel. Quelques mois après la naissance de notre fille, nous sommes retournés vivre dans notre ville natale de Laufen, où nos parents habitaient encore. Ils nous ont beaucoup aidés. Malheureusement, mon travail a toujours impliqué de nombreux déplacements : quasiment aucun de mes projets, aucune de mes conférences, aucun de mes cours n'aurait été possible si j'étais restée à la maison. Par égard pour ma famille, j'ai néanmoins décliné au fil des années de nombreuses propositions intéressantes. Il n'est pas facile de voir que des collègues masculins sont présents aux événements auxquels j'ai dû refuser de participer, et y connaissent un grand succès. C'est vraiment agaçant, mais je me dis toujours fermement : « Anna, tu es au bon endroit, au bon moment. Arrête de stresser ! »

Tout arrive au bon moment ! Ne perdez jamais votre patience ni votre confiance.

Avec le recul, je peux affirmer : Tout arrive au bon moment ! Ne perdez jamais votre patience ni votre confiance. Bien sûr, c'est plus facile à dire qu'à faire ! Je me souviens très bien d'un jour où j'ai pleuré, par terre dans la salle de bains, complètement épuisée par l'effort constant de nager à contre-courant. J'avais une fois de plus manqué de peu un prix qui a finalement été attribué à un homme sans enfant. Une situation qui s'est reproduite à maintes reprises… L'argent de la récompense aurait pourtant été un tel soulagement ! Des amis m'ont conseillé à l'époque de chercher un emploi stable d'enseignante, mais je voulais construire. Je ressentais un tel besoin de vivre ma créativité ! Mais je n'avais tout simplement pas de projets me permettant de gagner ma vie. J'avais non seulement l'impression de ne pas être prise au sérieux, mais aussi le sentiment d'être exploitée. Ma confiance en moi et dans le monde était alors sérieusement ébranlée.

Heureusement, un ami m'a recommandé un séjour au centre de soins ayurvédiques RoSana. Les thérapies que j'ai suivies ne m'ont pas seulement aidée à reprendre des forces, elles ont aussi changé ma vie. Depuis, méditation et yoga sont devenus des rituels quotidiens, et je ne fais plus passer mes propres besoins après tout le reste. J'ai appris là-bas quelque chose de plus essentiel encore : si je m'exploite moi-même, je perds confiance en moi et j'en subis les répercussions. Lorsque j'ai quitté le centre de soins ayurvédiques tout à fait revigorée, la propriétaire, Heidi Gutschmidt, m'a demandé si j'aimerais concevoir une nouvelle maison d'hôtes pour RoSana. C'était mon premier grand projet en Allemagne, et un double cadeau pour moi à l'époque.

55

Le fait d'être architecte a définitivement influencé ma façon d'être mère. Je n'ai jamais été une « maman de bac à sable ». J'ai bien essayé au début, mais je suis rentrée à la maison complètement stressée. Je me suis dit : « Voyons Anna, aller au parc et jouer dans un bac à sable ne peut quand même pas être si terrible ! Toutes les mamans le font. » J'ai donc réessayé – avec toujours le même résultat ! J'ai alors changé de stratégie : j'ai emmené ma fille sur les chantiers ou dans les workshops sur la construction en terre, et cela nous a rendues heureuses toutes les deux. Sa participation à de nombreux voyages et projets a créé entre nous des liens très particuliers.

Dans les pays industrialisés, les gens ont tendance à divertir leurs enfants loin des réalités quotidiennes, mais je crois que, quand c'est possible, ils préfèrent participer à notre travail d'une manière ludique. Ils veulent comprendre ce qui nous motive, ce qui est important pour nous et quelles sont les valeurs qui nous animent. Heureusement, la découverte d'autres cultures avant de devenir mère m'avait donné une perspective plus large sur ce sujet : dans la campagne bangladaise, la plupart des familles n'ont pas les moyens de faire garder leurs enfants, qui sont toujours en train de courir et de jouer dans le village. Mirjam a souvent été impliquée dans mon travail, elle l'est toujours, et cela lui a été bénéfique jusqu'à présent. Le double défi de mon engagement professionnel et de l'accompagnement de notre enfant m'a toutefois souvent conduite à la limite de mes forces. Je ne connais que trop bien le sentiment d'être considérée comme une mauvaise mère. J'en ai beaucoup souffert. Je souhaiterais beaucoup plus de tolérance envers des

55 Notre fille Mirjam m'aide à concevoir des carreaux en verre dans l'atelier de Martin Rauch, à Schlins, dans le Vorarlberg, en 2013.

modes de vie différents, y compris de la part des femmes entre elles. Mais le pire, c'est de vivre en permanence avec mauvaise conscience ! Il m'a fallu près de dix ans pour m'en débarrasser – du moins partiellement.

Si c'était à refaire, je m'attaquerais en amont à ce problème. Il est important de comprendre le plus tôt possible que la mauvaise conscience est un schéma de pensée dont il faut s'affranchir, car il conduit à l'épuisement total. J'étais généralement là pour ma fille quand elle avait besoin de moi, mais pas toujours. Elle a ainsi appris à surmonter seule certains défis, et surtout compris que le fondement d'une vie heureuse est d'avoir une passion pour laquelle on veut mettre à profit chaque parcelle de ses talents. Aujourd'hui, je suis vraiment heureuse que nous ayons traversé son enfance sans encombre, et que nous soyons débarrassées des innombrables déplacements avec poussette, pot, ordinateur portable, vêtements de rechange, goûters d'urgence, chaussures de chantier, tenue élégante pour les conférences, cassettes de Fifi Brindacier, et tout le reste… Avec toujours cette question lancinante : Où est passé son doudou préféré ? Et bien sûr, Mirjam devait aller aux toilettes exactement au moment où j'allais monter sur scène, et pas quinze minutes avant, lorsque je le lui avais proposé… Sans oublier les moments où ses commentaires faisaient la joie du public – Mamma mia !

Heureusement, je suis persévérante et je peux tenir le cap. C'est souvent nécessaire ! Et s'il le faut, je peux aussi avancer seule à contre-courant. Je puise ma force dans la conviction que mes actions ont du sens, surtout quand je pense à l'avenir de notre fille. Quand je sais que la justice environnementale et sociale est de mon côté, je ne me sens pas seule. Mais j'aimerais avoir plus de patience et aussi avoir la peau plus dure… Lorsque je travaille au Ghana ou au Bangladesh, je ris beaucoup. Quand je suis en Allemagne, je l'oublie parfois, mais j'ai pris la ferme résolution d'intégrer à l'avenir plus d'humour et de légèreté dans ma vie quotidienne – et de partager ces moments avec les autres. •

LE POUVOIR DE LA FRUGALITÉ
NE PAS PERDRE SA VIE À LA GAGNER

——— Nous connaissons la réalité de la crise écologique au moins depuis le premier rapport du Club de Rome[36], publié en 1972. Nous disposons déjà d'innombrables solutions, anciennes et nouvelles, et nous savons ce qu'il faudrait faire. Qu'est-ce qui nous retient encore ? Je crois que nous n'avons tout simplement pas la volonté de changer ! Bien sûr, presque tous les changements sont inconfortables au début, et hésiter à se lancer est un sentiment naturel. Mais l'existence est une succession de changements, et nous ne pouvons pas nous y opposer éternellement. Pourquoi ne pas faire confiance à la vie ? Nous avons tant à y gagner. Je suis convaincue qu'en tant que « famille humaine » sur cette planète, nous avons vraiment tous les talents nécessaires pour relever le défi des dérèglements climatiques et de l'injustice sociale. Nous devons simplement nous épauler mutuellement. La nature n'a pas de grand lobby pour la défendre… mais elle a notre soutien ! Et chacun d'entre nous a le pouvoir de changer les choses. Si nous unissons nos compétences et nos passions, nous sortirons de la crise climatique, et nous grandirons ensemble.

(36) Donella H. Meadows, Dennis L. Meadows, Jørgen Randers et William Behrens III. *The limits to growth* [Les limites de la croissance]. A Potomac associates book, 1972.

Si nous unissons nos compétences et nos passions, nous sortirons de la crise climatique, et nous grandirons ensemble.

J'essaye, ainsi que ma famille, de vivre de manière frugale. Nous avons décidé, par exemple, de ne pas construire une maison neuve pour éviter d'imperméabiliser davantage le sol. Il y a déjà tellement de bâtiments existants ! Lorsque nous sommes revenus à Laufen, nous avons emménagé au cœur de la vieille ville, dans la *Blaue Haus*[37]. L'immeuble que nous partageons avec six autres ménages date de l'époque baroque, avec des parties nettement plus anciennes. Nous habitons dans les combles aménagés, et nous apprécions les six tonnes de pisé ou d'enduit à l'argile qui recouvrent les murs. Dans sa chambre, notre fille a une petite grotte en terre que nous avons construite ensemble en hommage à l'école METI. L'électricité est produite par des panneaux photovoltaïques, l'eau chaude avec de l'énergie géothermique.

(37) « Maison bleue » [NdT].

Mon bureau est installé au rez-de-chaussée de notre Maison bleue, sous de magnifiques voûtes en brique. Je le partage avec la couturière et styliste Elke Burmeister, et il ne ressemble pas vraiment à une agence d'architecture. Des trouvailles du marché aux puces y côtoient des souvenirs du Bangladesh, du Ghana et d'autres pays. J'aime le chaos créatif que composent tous ces objets qui me rappellent les sites de mes projets. Des croquis sont accrochés au mur, des maquettes en argile sont posées sur les tables et, bien sûr, nos magnifiques textiles du Bangladesh sont partout. Au milieu de l'agence trône un portant à vêtements sur lequel sont suspendus des chemisiers et des vestes de Dipdii Textiles que je partage avec mes collaboratrices. L'ensemble est égayé par des bouquets de fleurs cueillies dans le jardin ou sur les bords de la rivière Salzach toute proche. La porte est souvent ouverte, et des passants entrent régulièrement dans la pièce « juste pour faire un tour », parce qu'ils trouvent le lieu « tellement accueillant ». À côté de l'agence, j'ai créé avec mon mari et quelques personnes partageant nos convictions une boutique proposant des objets du quotidien « durables » : le *Laden im Blauen Haus*[38]. Pour contribuer à l'animation du centre-bourg, nous ouvrons le magasin et mon agence lors de manifestations culturelles et d'événements, par exemple les symposiums du Manifeste de Laufen.

(38) « magasin de la Maison bleue » [NdT].

Je ne suis pas une bonne cuisinière, car je manque de patience, mais je cuisine quand même beaucoup. Le jardin de mes parents produit de délicieux fruits et légumes, et grâce à eux, nous sommes assez autosuffisants en matière d'alimentation. En ce qui concerne les vêtements, le prototype de la collection Dipdii Textiles est mon chemisier préféré, et j'adore mes autres habits cousus par les Dipdii. Quand je les porte, j'ai l'impression d'être enveloppée par de bonnes ondes bangladaises et par l'affection de ces femmes qui me sont si chères. Avoir une garde-robe restreinte évite beaucoup de stress. Quand on voyage souvent et qu'on doit intervenir en public presque chaque semaine, on gagne énormément de temps si on échappe à la sempiternelle question : « Qu'est-ce que je vais bien pouvoir mettre aujourd'hui ? » Je fais toutes mes courses à pied ou à vélo, et je n'ai presque jamais besoin de la voiture que nous partageons avec d'autres ménages. Je me déplace beaucoup en train : depuis la Bavière, il est long mais assez facile de se rendre en France, en Belgique, en Autriche ou en Slovénie. Il y a longtemps que je n'ai pas pris l'avion pour aller en vacances, mais pour les déplacements professionnels vers d'autres continents, il n'existe malheureusement pas d'alternative.

Beaucoup de gens me demandent : « Comment est-il possible de joindre les deux bouts, matériellement et économiquement, avec votre façon

de créer de l'architecture ? » Cette question me préoccupe depuis longtemps, et je veux y répondre en détail. J'ai appris que le bonheur et la satisfaction ne dépendent pas du solde de son compte en banque, ni d'un quelconque classement au palmarès mondial des architectes, ni d'aucun autre signe extérieur d'affirmation de soi. Il y a quelques années, je me disais : « Si je reçois ce prix, ou si je suis invitée à la Biennale d'architecture de Venise, ou si je participe à une exposition au MoMA, ou si j'obtiens un poste à Harvard... alors je serai heureuse ! » Mais en fin de compte, c'est un leurre, car il y a toujours un échelon plus haut. On peut se perdre dans l'illusion que le bonheur est atteint lorsqu'on arrive au sommet. Le bonheur dépend bien plus d'un sentiment intérieur de plénitude et de satisfaction. En réalisant un travail utile, on réunit déjà les conditions pour s'approcher de ce sentiment. Mais bien sûr, il

56

faut disposer d'assez de moyens pour assurer la vie quotidienne. Mes activités – et c'était surtout vrai dans les premières années – s'articulent autour de trois piliers inspirés du concept de « nouveau travail » développé par Frithjof Bergmann, que j'ai rencontré lors d'un workshop d'été de BASEhabitat en 2010 : le « travail de cœur » – le plus important pour moi –, le « travail gagne-pain » et un style de vie frugal. Les deux premiers piliers de mes activités, l'architecture et l'enseignement, ont maintenant fusionné, et le troisième est devenu une source d'inspiration très féconde.

Même les petits projets peuvent avoir un grand impact !

J'assume la responsabilité de la plupart de mes projets de A à Z : l'idée initiale, la conception, la collecte de fonds, la construction et le suivi après la mise en service. C'est très intense, mais c'est seulement quand on s'implique sur le long terme que les projets deviennent vraiment remarquables. Certains diront qu'il n'est pas possible de mener en parallèle de nombreux projets avec une telle intensité. C'est vrai ! Mais faut-il vraiment construire autant de bâtiments ? Aujourd'hui encore, le travail des architectes est hélas souvent mesuré par la quantité, c'est-à-dire le nombre et l'envergure des réalisations. Je préfère pratiquer une « acupuncture architecturale ». À chaque projet, j'essaye de trouver les « points de bascule » sociaux et écologiques, puis de les développer afin de provoquer un véritable changement. Même les petits projets peuvent avoir un grand impact !

Il est parfois nécessaire de soutenir le « travail de cœur » par le « travail gagne-pain », qui paie le loyer et couvre l'assurance. L'important est de ne pas se laisser absorber par ces contraintes matérielles. Au début de ma carrière, j'ai appris en travaillant pour Martin Rauch à apprécier l'expérience pratique, et l'envie de passer du temps sur les chantiers ne m'a plus quittée. Plus tard, l'enseignement nous a permis, à moi et parfois à mon agence, de ne pas sombrer. Mais au-delà d'une source de revenus, la transmission est aussi très chère à mon cœur. C'est en outre un important catalyseur pour diffuser mes réflexions et mon approche, et augmenter ainsi leur impact. En ce qui concerne ma pratique professionnelle, je ne souhaite ni diriger une grande agence, ni réaliser de nombreux projets en même temps. Notre équipe est composée d'environ cinq personnes. Une structure plus importante amènerait une dépendance qui pourrait me priver de la liberté de dire « non » à des projets que je ne peux pas accepter d'un point de vue éthique. Je ne suis pas favorable à la stratégie courante qui consiste à réaliser en même temps un très bon projet, qui fait l'objet d'une large communication,

56 Notre appartement de Laufen avec un mur en pisé doublant le pignon, en 2020.

et neuf projets discutables, qui sont balayés sous le tapis. L'architecture implique beaucoup trop de conséquences sociales et économiques pour être réalisée sans enthousiasme. Et une bonne architecture prend du temps !

Je participe rarement à des concours. Je trouve beaucoup plus utile d'initier et de soutenir moi-même des projets. Comme pour l'éducation d'un enfant, il n'y a rien de plus satisfaisant que d'accompagner un projet depuis sa conception jusqu'à sa naissance, en passant par la grossesse, de guider ensuite ses premiers pas... et même de supporter les poussées dentaires. C'est aussi très formateur ! Je dois souvent commencer à travailler sur les projets bénévolement, car il faut présenter des dessins pour obtenir un financement. Et en fait, ce n'est pas très différent d'un concours. Avec le type d'architecture que je pratique, il est préférable de renoncer à l'idée d'un revenu fixe.

Le troisième pilier de mes activités, un mode de vie frugal, implique de simplifier ses besoins, ou plutôt d'aller à l'essentiel de ses besoins. Finalement, il ne faut pas grand-chose pour être heureux. Nous le savons tous, mais nous l'oublions lorsque nous sommes inquiets. La reconnaissance et la gratitude, la pleine conscience et la confiance sont des outils importants qui m'aident à être joyeuse. Déguster mon thé dans une tasse que j'ai fabriquée moi-même, c'est du bonheur. Le plaisir ne vient pas seulement de l'objet, mais aussi du souvenir du processus de fabrication : la sensation de mes doigts dans l'argile, la créativité méditative qu'elle a suscitée et la joie de faire naître de belles choses. J'aime y boire une tisane de mélisse, cueillie dans le jardin de mes parents en profitant de quelques rayons de soleil, ou le mélange que mon amie Dominique prépare elle-même. Pour moi, c'est un pur délice. Et cela ne coûte pas grand-chose – juste du temps et de l'attention.

Le vrai bonheur pour moi, c'est aussi la justice sociale et une planète en bonne santé.

En 2011, j'ai décidé de ne plus acheter de vêtements issus de la production de masse, confectionnés par des ouvriers dans des conditions indignes. Je trouvais anormal d'appliquer une démarche écologique pour l'architecture – qui est souvent considérée comme notre troisième peau – et de fermer les yeux sur notre deuxième peau : les vêtements. Mes premiers achats issus du commerce équitable ont beaucoup entamé mon budget. J'ai donc décidé de compléter ma garde-robe par des articles d'occasion et des vêtements faits maison. J'ai commencé à améliorer mes connaissances rudimentaires avec Veronika Lang, une styliste vivant à Laufen, et j'ai pris des cours

57

de couture. C'est ainsi qu'est né Dipdii Textiles. Et c'est précisément ce qui est si passionnant. La motivation de rendre ma vie quotidienne plus conforme à mes engagements professionnels, d'être moins dépendante de la société de consommation et d'atteindre une plus grande suffisance m'a ouvert une nouvelle porte et a esquissé un nouveau chemin. Le troisième pilier de mon modèle travail/vie privée – axé à l'origine sur l'autosuffisance et les économies – est donc devenu une source d'inspiration et de joie, et il m'apporte une profonde satisfaction. Pour moi, une « belle vie » signifie avant tout une vie pleine d'amour, non seulement au sein de mon entourage immédiat, mais aussi dans le sens plus large de l'harmonie avec le vivant. Le vrai bonheur pour moi, c'est aussi la justice sociale et une planète en bonne santé.

Il n'a pas toujours été facile de joindre les deux bouts, mais une récompense bien dotée m'a aidée plusieurs fois à garder la tête hors de l'eau. Le prix Curry Stone Design est arrivé à un moment où nous avions déses-

57 Mon atelier est à la fois poétique et sauvage : textiles colorés, objets en terre, trouvailles glanées ici et là, maquettes et piano.

pérément besoin d'une nouvelle cuisine, sans avoir les moyens de nous l'offrir. Un confrère avec qui j'en parlais récemment a secoué la tête en signe d'incrédulité : « Tu ne peux pas fonder ton modèle économique sur des prix d'architecture ! C'est bien trop incertain. » Tout ce que je peux dire, c'est que cela a bien fonctionné pour moi jusqu'à présent. Bien sûr, il n'y a pas que les prix. Parfois, un poste d'enseignante bien payé s'est présenté, ou une conférence généreusement rémunérée, ou un don inattendu qui m'a provisoirement débarrassée de la charge financière de Dipdii Textiles.

Je n'ai jamais commencé un projet en étant totalement certaine d'être payée pour ce travail. Et je consacre à chacun beaucoup plus d'énergie et de temps que la rémunération le prévoit. Mais j'ai développé une sorte de confiance dans la vie, qui me permet d'espérer des retombées inattendues. Ce fut le cas en 2007 avec le Aga Khan Award, puis avec les nombreux autres soutiens qui ont suivi. Les recevoir a été une expérience merveilleuse, qui m'a réconfortée chaque fois que j'ai eu des doutes. Lorsque j'ai reçu l'OBEL AWARD, cela faisait des mois, voire des années, que je n'étais pas payée à ma juste valeur, et il est arrivé au moment où j'en avais le plus besoin.

J'ai dû apprendre au fil des ans à transformer ma relation à l'argent. Pendant longtemps, j'ai pensé qu'avoir un peu d'argent était quelque chose de négatif. Il me semblait que si j'étais payée pour mon travail, il ne serait plus considéré comme « social ». Mais où irions-nous si seul le travail antisocial, antiécologique et destructeur était bien rémunéré ? En fait, un travail éthiquement correct devrait être payé deux fois plus !

Lorsqu'on me demande ce que j'aimerais faire à l'avenir, je réponds toujours : « Je veux sauver le monde ! » Évidemment, pas toute seule. Je ne suis malheureusement pas Superwoman. Mais avec chaque projet, je veux apporter ma contribution, petite ou grande. Je ne suis pas le genre de personne qui planifie stratégiquement son avenir. Je vois simplement des besoins et des opportunités, et je commence à franchir une première porte dans cette direction. Puis la porte suivante s'ouvre, et des personnes se joignent à nous, qui s'intègrent parfaitement à l'équipe et apportent de nouvelles idées. Soudain, d'autres personnes, qui partagent notre vision, nous fournissent les ressources nécessaires pour la concrétiser. C'est généralement ainsi que l'aventure démarre et c'est toujours fascinant à observer. Si une idée est bonne, si un projet est nécessaire et si les potentiels sont là, je me glisse dans cette énergie. Je hisse les voiles, je fixe le cap, et j'espère que les vents seront favorables. Je me réjouis de vivre encore de belles histoires, d'avoir de bons compagnons et de me laisser guider par le courant de la vie.

Le principal message que je souhaite transmettre avec ce livre, en particulier à la jeune génération d'architectes, est une réponse à la question : « Comment peut-on nager à contre-courant tout en étant heureux ? » J'aimerais encourager les gens à faire confiance à leurs propres idées. Si le besoin est réel et si le projet a un impact positif (pas seulement sur son propre ego !), des opportunités se présenteront. Il suffit d'avoir la sensibilité nécessaire pour les voir et le courage de les saisir. Nous venons tous au monde avec des talents différents, liés à une certaine mission, et nous devons écouter ce que notre cœur nous dicte, car on développe ainsi une véritable excellence. C'est ce que je veux partager : Suivez votre vocation et les opportunités viendront, l'énergie viendra, les amis viendront ! Si vous commencez à avancer, la vie vous soutiendra.

Suivez votre vocation et les opportunités viendront, l'énergie viendra, les amis viendront !

Ce qui m'inquiète beaucoup actuellement, c'est la polarisation qui croît dans tous les secteurs de la société, alors que nous devrions plus que jamais nous unir et nous atteler ensemble à la tâche colossale que représente la lutte contre le dérèglement climatique. Je partage la colère et l'indignation de Lesley Lokko quand elle était commissaire de la Biennale d'architecture de Venise en 2023 : « Souvent, on se focalise sur les problèmes du Sud global, et le récit ne parle que de ce qui y fait défaut. L'imagination et la créativité sont considérées comme l'apanage du Nord, car on suppose que cela demande des ressources[39]. »

[39] Rowan Moore. « Architect Lesley Lokko: 'There is a sense in Africa that it is our time' » [L'architecte Lesley Lokko : « L'Afrique a le sentiment que son heure est venue »]. The Guardian, 26.03.2023. https://www.theguardian.com/culture/2023/mar/26/architect-lesley-lokko-venice-biennale-ghana-africa-wakanda-david-adjaye

Le monde de l'architecture, encore largement dominé par les pays industrialisés, a contribué à la création du mirage d'un mode de vie moderne idyllique, avec les fausses promesses qui l'accompagnent : bien-être, santé et sécurité.

En réalité, ce mode de vie n'a fait que contribuer massivement à l'exploitation de notre planète et à l'aggravation des injustices. Il n'a pas tenu ses promesses, et pourtant nous continuons à suivre ce récit, imprimé en lettres dorées et coulé dans du béton armé et de l'aluminium. Cela m'a incitée, en tant qu'architecte du Nord global, à demander publiquement aux populations du Sud global de nous pardonner ces erreurs lors du dernier congrès mondial de l'Union internationale des architectes (UIA) à Copenhague en 2023. Mais c'est beaucoup leur demander ! Cela exige d'elles une infinie générosité… Pour guérir et grandir ensemble, l'injustice et les griefs doivent être reconnus comme tels, mais nous ne devons pas nous arrêter là ! Le monde ne peut pas être divisé entre riches et pauvres, noirs et blancs, bons et méchants, victimes et coupables. Nous sommes tous liés au sein d'un grand tout. Cela implique la responsabilité d'agir d'une manière qui soit bonne pour tous. Ce qui signifie, en fait, que nous devons agir avec amour.

Il n'est tout simplement plus possible d'exploiter radicalement les ressources comme l'ont fait les habitants des pays industrialisés, avec d'innombrables routes inutiles, des villes de béton, un déluge de plastique, l'automatisation des actes du quotidien, etc. Il n'est pas possible de laisser le reste du monde reproduire les erreurs que nous avons commises et que nous continuons de commettre. Toutefois, j'ai du mal à rejeter le désir de consommation de mes clients du Bangladesh ou du Ghana. Même si je sais que cette abondance ne rend pas heureux, je peux comprendre que tout le monde ait envie d'accéder au « confort moderne ». C'est un dilemme éthique ! Je peux également comprendre pourquoi certains de mes confrères architectes relèguent l'écoresponsabilité au second plan, et réalisent tous les souhaits de leurs clients. Mais j'ai fait un autre choix. Je vais de l'avant en essayant de laisser derrière moi la question de la culpabilité et de la dualité Nord-Sud, et en nous considérant comme un tout indissociable. Une planète, une famille !

Comment se libérer du diktat de la croissance économique ? Je suis persuadée qu'il existe des solutions. Nous devons être honnêtes les uns envers les autres. La publicité continue de suggérer que le bonheur réside dans la croissance, dans « l'avoir » plutôt que dans « l'être ». C'est mon plus grand défi personnel. Je ne peux y répondre qu'en faisant sincèrement des efforts et en essayant de convaincre. C'est pourquoi je tente de toutes mes forces de construire de la même manière en Allemagne qu'au Bangladesh. Et quand je n'y parviens pas, je travaille à une modification du cadre réglementaire. Je prends également très au sérieux l'aspiration de mes clients à la beauté, à la plénitude, à l'identité et à la justice sociale et économique. Et j'essaye de rendre l'architecture aussi belle que possible, de favoriser la participation et d'employer le budget comme un catalyseur de développement local. La beauté est un facteur de motivation incroyablement puissant, et je m'efforce de valoriser au maximum son pouvoir de persuasion.

Pour moi, la beauté est l'expression de l'amour, et ces deux notions sont également synonymes d'écologie. L'écologie n'est pas une question de ressources, d'innovation technique, ni d'argent. C'est une question de posture : un état d'esprit et un engagement social. C'est précisément dans ce domaine que nous devons continuer à évoluer. Lorsque nous agissons par amour, les uns envers les autres et aussi envers la nature, la démarche écologique se met en place plus facilement. L'amour est la force la plus puissante au monde. Il est plus puissant que la peur ou les normes. Il est plus fort que l'avidité et que tout sentiment d'infériorité ou de faiblesse. Le fondement de ma pratique d'architecte et de toutes mes actions est donc tout simplement : La forme suit l'amour ! •

58 Début de la construction du centre Anandaloy pour les personnes en situation de handicap à Rudrapur, en 2018. (→ pages suivantes)

TOUS LES TALENTS DU MONDE...

Par Anna Heringer

Quand j'avais treize ans,
j'ai promis solennellement à mes amis scouts
de laisser la planète meilleure
et plus belle que je l'avais trouvée.

Je te promets la même chose,
chère lectrice, cher lecteur.
Je ferai tout ce qui est en mon pouvoir,
parce que j'aime infiniment notre belle planète.

Et je serais heureuse que tu valorises
tous les talents qui sont en toi,
car nous serons alors deux, trois, quatre...
avec une infinité de compétences et de formidables solutions.

Tout changement commence à petite échelle.
Son envergure n'a pas d'importance.
Il suffit de le lancer, et il grandira.

Trouve ton lieu d'action :
au sein de ta famille, dans ton cercle d'amis,
ou dans un petit village du Bangladesh.

Des solutions pour un monde meilleur sont partout nécessaires.
Crée une équipe qui partage ton objectif.
Travaillez ensemble pour concrétiser vos idées.

Si tu es architecte, considère cela comme un concours.
Nous avons l'habitude d'y consacrer du temps.

Visualise ton projet de manière aussi réaliste et vivante que possible.
Sois convaincu à 100 % de ton idée et partage-la avec enthousiasme.
Ta passion en deviendra contagieuse.

Structure ton projet en plusieurs phases,
afin de pouvoir l'initier quel que soit le budget à ta disposition.

Commence à collecter des fonds.
Il y a suffisamment d'argent dans ce monde
pour faire avancer les choses.

Vérifie ton attitude vis-à-vis de l'argent.
Si tu le méprises, il sera difficile de le canaliser
vers quelque chose de positif.
Essaye plutôt de l'attirer pour le partager.

Aie confiance en tes capacités.
Oui, tu seras testé.
Oui, des doutes surgiront.
Mais reste ferme,
et continue à avancer !

Franchis les portes qui s'ouvrent,
et laisse-toi guider par ton intuition.

Parfois, on a envie d'aller au Sénégal
et on se retrouve au Bangladesh...

Sois donc ouvert aux surprises.
Et ensuite, lance-toi.

Crois en ton impact !

L'HISTOIRE DERRIÈRE LE LIVRE

Par Dominique Gauzin-Müller

——— Un jour de 2007, alors que je feuilletais les pages d'un magazine, je suis tombée en arrêt devant une photo de l'école METI. La beauté universelle de ce bâtiment m'a tellement subjuguée que j'ai aussitôt désiré rencontrer son architecte ! J'imaginais un vieux sage bangladais... mais c'était une jeune Bavaroise, vivant à moins de quatre cents kilomètres de chez moi. Ma curiosité fut encore plus vive quand j'ai appris que cette école rayonnante de maturité était son projet de diplôme. À l'époque, Anna intervenait régulièrement à l'université de Stuttgart, où j'habite. Je suis donc allée l'écouter quelques semaines plus tard. Anna est avant tout une artiste, mais elle m'a aussi fascinée par son implication sociale, son empathie pour le vivant et sa capacité à comprendre les atouts d'un territoire. Je l'ai invitée à déjeuner à la maison... et elle est depuis mon amie la plus proche !

Il y a quarante ans que je défends une vision plus écologique et plus sociale de l'architecture à travers des livres, des expositions, des conférences et l'enseignement dans plusieurs universités internationales. Devenue rédactrice en chef du magazine d'architecture français *EcologiK*, j'ai publié un article sur l'école METI dès le premier numéro, puis d'autres sur le centre DESI de formation des électriciens et sur les édifices suivants. J'ai aussi rédigé de nombreux textes et donné des dizaines de conférences sur l'œuvre d'Anna, alors peu connue dans les pays francophones.

Nous nous rencontrons régulièrement à Stuttgart, à Laufen ou au Vorarlberg, dans la magnifique maison en pisé de notre ami commun Martin Rauch. Nous sommes allés tous les trois à la Biennale de Venise, nous avons fait ensemble un workshop de claystorming au Maroc et nous avons participé à la rédaction du « Laufen Manifesto for a humane design culture ». Nous nous retrouvons aussi lors de manifestations organisées par CRAterre ou d'autres institutions favorisant l'usage de la terre crue dans la construction. Nous sommes d'ailleurs tous les trois professeurs honoraires de la chaire UNESCO « Architectures de terre, cultures constructives et développement durable ».

Anna et Martin ont été lauréats du TERRA Award 2016, le premier prix mondial des architectures contemporaines en terre crue que j'ai initié avec CRAterre et amàco. En 2017, nous avons inauguré ensemble l'exposition des quarante finalistes de ce prix à l'université de Pékin, avant de visiter plusieurs sites chinois d'architecture vernaculaire en terre. Je n'oublierai jamais le sourire radieux d'Anna quand elle s'est retournée vers moi après

59

avoir enfin découvert les trois bâtiments de son auberge de jeunesse de la Biennale de Baoxi, dont elle n'avait pas pu suivre le chantier. Elles sont entourées de bâtiments dessinés par les plus grands spécialistes mondiaux du bambou, mais pour moi, aucun n'a la force de ces « lanternes magiques » qui émergent du sol et s'inscrivent comme une évidence dans le paysage.

Depuis vingt ans, Anna construit à son rythme une œuvre unique et authentique, profondément humaniste. Très attentionnée pour sa famille, ses amis et ses collaboratrices, elle possède aussi une volonté de fer et un incroyable courage pour s'opposer aux puissants qui détruisent la planète. Bien qu'elle ait fait l'objet d'innombrables articles dans des revues internationales et que son travail ait été présenté dans des expositions sur plusieurs continents, il n'existait aucune monographie sur son œuvre.

Nous avons parlé pour la première fois de ce livre en 2012, lors d'une promenade dans le parc de Harvard où Anna a passé un an à la Graduate School of Design grâce à une bourse du LOEB Fellowship. Nous l'avons régulièrement évoqué ensuite, mais Anna n'est pas du genre à s'enfermer dans un bureau pendant des semaines pour écrire. Elle a besoin d'être dans l'action, de mettre les mains dans la terre, de construire au milieu des artisanes et artisans. Cependant, le nombre croissant de ses projets, leur qualité et leur diversité justifiaient la publication d'un ouvrage. Par ailleurs, les personnes à qui je présentais le travail d'Anna, lors de cours ou de conférences, voulaient en savoir plus sur ses bâtiments, sa pratique et son engagement militant. Beaucoup d'étudiants et de jeunes professionnels, surtout des femmes, m'ont dit combien son œuvre avait pesé sur leur décision de devenir architecte.

En 2019, j'ai donc proposé à Anna de l'aider à « accoucher » de ce livre et de l'écrire sous la forme d'un dialogue entre elle et moi. Il me semblait essentiel que cet ouvrage ne présente pas seulement son œuvre, mais aussi la femme qui la conçoit et la construit, avec toute sa sensibilité et toute sa force créatrice. De nature modeste et pudique, Anna ne voyait pas forcément l'intérêt de livrer des anecdotes personnelles, mais je tenais à raconter toute son histoire, en commençant par son enfance et sans occulter ses doutes et ses colères. Nous avons régulièrement eu des conversations en face à face, puis des échanges en ligne pendant le confinement lié à l'épidémie de Covid-19. Au départ, nous pensions que le livre aurait plus de chance d'être publié s'il était écrit en anglais. Une Allemande et une Française ont donc fait la folie de discuter dans un anglais ponctué d'allemand, la langue que nous utilisons habituellement entre nous. Bien sûr, nous avons suivi la trame d'un premier sommaire, qui découpait déjà le livre en trois chapitres : enfance et études d'architecture, premiers projets au Bangladesh et dans le Sud global, application en

59 Anna découvrant son auberge de jeunesse lors d'une visite du site de la Biennale du bambou de Baoxi, en 2017.

Europe des leçons apprises en Asie et en Afrique. Mais, comme deux amies, nous avons fait de multiples digressions…

J'ai retranscrit peu à peu des dizaines d'heures d'échanges oraux et, pour le dernier chapitre, Anna a également rédigé en allemand quelques passages que j'ai traduits en anglais. J'ai passé beaucoup de temps à mettre en ordre les multiples pièces de ce grand puzzle pour créer une première version du livre. Pour avoir un avis extérieur, j'ai envoyé à quelques amis le chapitre sur l'enfance et les études à Linz. La réponse de Lara Briz, une jeune architecte espagnole qui a travaillé dans l'agence d'Anna, m'a fait plaisir : « J'adore le travail d'Anna, mais ce texte m'a fait découvrir et comprendre la personne qui est derrière l'œuvre. Bien que j'aie passé quelques mois avec elle, je ne connaissais rien de toutes ses expériences de vie. À chaque nouveau paragraphe, je pensais : Ah, voilà d'où ça vient ! » Lara, qui nous connaît bien toutes les deux, a ajouté : « La relation qui vous unit se reflète dans la sincérité des réponses. Mais, peut-être parce que je sais que vous êtes de bonnes amies, je regrette un peu que ta personnalité ne soit pas traduite dans les questions que tu poses. » Anna ayant approuvé cette remarque, j'ai retravaillé mes questions, volontairement courtes et neutres, pour leur donner plus de profondeur et ajouter une note personnelle. La seconde version du manuscrit a été maintes fois remaniée par Anna, par moi-même ou conjointement, avec l'objectif de supprimer les répétitions et de ne conserver que l'essentiel.

En 2022, le photographe Iwan Baan a accompagné Anna lors d'un de ses séjours à Rudrapur. Il était d'abord prévu que ses clichés, généreusement financés par la fondation Henrik Frode Obel, illustrent le texte que nous préparions. Pourtant, je ressentais une inadéquation entre les photos, qui appelaient un grand format pour faire ressortir leur qualité, et le texte, très personnel, qui demandait une présentation plus intimiste. J'ai donc proposé à Anna de faire deux ouvrages : un petit livre de textes racontant son parcours, avec des illustrations récoltées au cours des années, et un grand livre d'images ponctué de légendes regroupant, outre les photos d'Iwan Baan, certains de ses dessins sur papier ou brodés par les couturières de Dipdii Textiles sur des couvertures en saris. Cette décision, qui apportait de la cohérence à notre projet, fut un immense soulagement. Les titres sont ensuite arrivés naturellement. Ce sont des devises souvent utilisées par Anna : *Form Follows Love* pour le petit livre, *Architecture is a Tool to Improve Lives* pour le grand.

Fin 2022, nous avions donc un concept solide, un texte qui s'affinait de plus en plus et des illustrations mettant en valeur le travail d'Anna. Nous avions envisagé plusieurs collaborations avec des maisons d'édition européennes, mais aucune n'a abouti. Parmi les nombreuses choses qui nous rapprochent, nous avons, Anna et moi, la même confiance en la vie, et la conviction que tout arrive en temps et en heure, quand on sait attendre et saisir les opportunités.

En avril 2023, Anna a reçu un courriel de David Marold, éditeur senior chez Birkhäuser, qui lui proposait de publier… quasiment l'ouvrage que nous étions en train de finaliser. J'avais déjà eu avec lui d'agréables et fructueuses collaborations, et j'étais ravie de le retrouver autour de ce projet qui me tient tant à cœur. *Form Follows Love* est alors passé entre les mains de professionnels de l'édition, et le processus de fabrication a commencé. Lindsay Blair Howe, qui a collaboré avec Anna à l'école polytechnique fédérale (ETH) de Zurich et maintenant à l'université du Liechtenstein, a corrigé notre anglais un peu bancal avec beaucoup de bienveillance et de finesse.

David était enthousiaste quant au contenu du livre, mais pour favoriser la fluidité du récit, il a proposé de supprimer mes questions, qui avaient servi de fil rouge, et de les intégrer au texte. Quand on a travaillé pendant cinq ans sur un ouvrage, et qu'on y a consacré autant de soin et d'énergie, il n'est pas facile d'accepter de devenir « invisible ». Notre fille Florence, toujours si sage, a levé mes dernières réticences : « Quand on a écrit autant de livres que toi, on n'a plus rien à prouver. » Anna, actrice principale de cet ouvrage que nous avons écrit ensemble, raconte donc seule son parcours dans ces pages, mais je reste à ses côtés, comme toujours, pleine d'admiration pour son engagement, son courage et son talent.

L'amour n'est pas seulement un sentiment, c'est un acte.

60 Anna et Dominique à la Biennale de Venise en 2012.

REMERCIEMENTS

d'Anna et Dominique

Cet ouvrage est le fruit d'une étroite et amicale collaboration entre Anna Heringer et Dominique Gauzin-Müller, avec le soutien de leur famille, de leurs amis et de professionnels qu'elles souhaitent remercier ici.

Quand une Allemande et une Française écrivent un livre en anglais, le résultat ne peut pas être parfait. Merci à notre amie Lindsay Blair Howe qui a su corriger notre texte avec beaucoup de finesse. Nous remercions également Claudia Fuchs, qui l'a traduit en allemand, et bien sûr les photographes dont les images illustrent si bien le récit.

Publier en parallèle un ouvrage en trois langues (anglais, allemand et français) est un vrai tour de force. Nous sommes reconnaissantes à l'équipe de la maison d'édition Birkhäuser qui n'a pas ménagé ses efforts pour y arriver. Merci à Bettina R. Algieri, éditrice de contenu et de production, pour son exigence en faveur de la qualité du livre. Merci à la graphiste Kathleen Bernsdorf, qui a su transcrire dans la maquette l'esprit de l'œuvre d'Anna. Et surtout, merci à David Marold pour son enthousiasme et son soutien indéfectible.

Nous tenons avant tout à exprimer notre profonde reconnaissance à la fondation Henrik Frode Obel, à la fondation Ricola et au fonds de dotation Lyra : sans leur soutien financier, ces trois livres n'auraient pas pu voir le jour.

d'Anna

Cher Stefan, merci de m'accompagner depuis plus de vingt-cinq ans sur le chemin aventureux que j'ai choisi. Merci pour ton soutien sans faille, mais surtout pour ta merveilleuse musique qui me fait tant de bien ! Il n'y a rien de plus beau que de rentrer à la maison …

Chère Mirjam, voir tes nombreux talents s'épanouir est ma plus grande joie ! Je suis absolument certaine que tu suivras ta vocation et que tu profiteras de la scène de la vie. Tu es la raison pour laquelle je suis pleine d'espoir quant à l'avenir – notre cher lutin plein de gaieté, de charme et de gentillesse !

Mes chers parents, que j'aie besoin d'un service de taxi pour la gare, de salades de votre jardin, d'encouragements, d'un précieux conseil sur la vie ou de pensées visionnaires, vous êtes toujours là pour moi avec votre amour. Merci de tout cœur !

À la formidable équipe de mon atelier et à toutes celles et tous ceux avec qui j'ai travaillé au cours des dernières années. Vous êtes une partie essentielle de cette histoire ! Sophie Scheurer, Alice Guilhou Afsharieh, Florian Wick, Stefania Bellato, Anja Chorzepa, Sakura Kobayashi, Rosana Azevedo, Marie Roels, Ana Vives, Katharina Kohlroser, Bárbara Miranda, Nicolás Gemelli, Lucía Perianes, Stefano Mori, Livia Mikulec, Lara Briz, Stefanie Dens, Joana Colom, Alizée Cugney, Dounia Fert, Sarah Nurul Fatma, Carlos García Fernández, Jeyashri Chandrasekaran, Nivedita Mehrotra, Maria Schmid, Margot Clerc, Timur Ersen, Yu Xi, Karolina Switzer, Wayne Switzer – merci d'avoir mis dans nos projets toute votre passion, vos talents et votre énergie !

À ma merveilleuse amie Dominique Gauzin-Müller. Sans toi, ce livre n'aurait jamais vu le jour ! J'ai beaucoup apprécié nos échanges intenses et inspirants, qui m'ont définitivement fait grandir. Merci de m'accompagner dans mon voyage depuis l'école METI, et d'être mon ange gardien depuis notre première rencontre à la gare de Stuttgart.

À mes amis du Bangladesh, et en particulier à ma famille Dipshikha et Dipdii. Vous serez toujours ma maison. Merci de m'avoir façonnée par votre amour.

À Elke Burmeister : Dipdii Textiles serait pour moi inimaginable sans ta belle énergie et ton style unique. Quel que soit le temps... chère Elke-di !

À Martin Rauch, mon solide rocher de pisé dans la tempête. Quel privilège d'apprendre auprès du meilleur ! Merci pour ton amitié et pour ton soutien dans tant de projets.

Un grand merci, bien sûr, à tous mes courageux maîtres d'ouvrage et à tous mes formidables partenaires et sponsors : sans vous, tout cela ne serait pas possible ! Merci pour votre confiance – je suis consciente que ce n'est pas toujours facile...

Mes remerciements les plus sincères vont aussi aux formidables artisanes et artisans qui ont œuvré sur nos chantiers d'Asie, d'Afrique et d'Europe. Je vous suis infiniment reconnaissante pour vos merveilleuses compétences et pour l'énergie que vous avez investie dans ces projets. Chaque fois que je vois nos murs en terre crue, je me rends compte du nombre de mains qui les ont façonnés. Ce qu'il y a de plus beau dans mon métier, c'est de travailler avec vous sur le chantier, main dans la main ... et de profiter ensemble d'une tasse de chai ou d'une calebasse de pito à la fin de la journée !

Ma reconnaissance va aussi à tous les amis qui m'accompagnent sur mon chemin et me soutiennent de multiples façons : la bande du Stiftswinkel ; mes camarades scouts (en particulier le clan des Écureuils !) ainsi que Tobias Mattes et Harry Dobrzanski, avec qui j'ai le plaisir de travailler au campus Sankt Michael ; mon professeur de musique préféré, Susa Lörler ; mes professeurs d'architecture, et tout particulièrement Roland Gnaiger ; les amis de mes années d'études (Gunar, Tobias, Petra, Edith, Anja, Doris, Sigi, Fred, Clemens, Kurt... et tant d'autres !) ; l'université d'art et de design de Linz, en particulier BASEhabitat, qui offre une ambiance tellement vivante ; la formidable équipe d'enseignants de l'université du Liechtenstein (Martin, Cornelia et Lindsay, j'ai hâte de commencer le Lehm-Lab avec vous !) ; les amis de Shanti Partnerschaft Bangladesh, qui travaillent sans relâche pour le développement rural dans ce pays ; Marina Tabassum, Khondaker Hasibul Kabir, Immad Ahmed, Nahaz Khalil, les « Vitti Buam » et tous les formidables collègues du Bangladesh, si inspirants.

Je tiens également à remercier : Inge Haselsteiner, chez qui une partie de ce livre a été écrite ; Lutz et Hedda Franz, Thibaut Müller et Trixi Winkler pour leur confiance et leur soutien ; Simone Thaler, Anke Link, Peter Reischer, le frère Günter Mayer, Susanne Franke, le père Nichodemus Chinazo et la communauté de Tatale pour notre collaboration contre vents et marées. Merci aussi à Erwin Wagenhofer, Saralisa Volm, Teresa Distelberger, Heini Staudinger, Transsolar, Eva et Martin Schnitzer, Beate Ruhland, la famille Sayn-Wittgenstein-Sayn, Maria T. Kluge, la famille Nekouian, Gertraud Storz, Christen Obel, Jesper Eis Eriksen, Kjetil Thorsen, Martha Thorne, Luis Fernandéz-Galiano, Alexander von Vegesack, Mathias Schwartz-Clauss, Chee Pearlman, Nicola Borgmann, Abdelkader Damani, Benita Meißner, Iris Lenz, Hubert Klumpner, Andres Lepik, Christian Werthmann, Monika Moser, Unni Krishnan, Arun et Anil Pavithran, Simon Eibl, Assunta Rauch, Harald Rüdisser, the Art of Living group Rosenheim, ainsi qu'à ma belle-mère Ursula Lang, ma marraine Dorle Heringer et toute ma famille élargie. Ah, je suis tout simplement très reconnaissante d'avoir autour de moi tant de personnes sur lesquelles je peux m'appuyer !

Selon Arthur Schopenhauer, l'architecture serait de la « musique gelée »... il y a définitivement beaucoup d'inspiration musicale dans mes créations. Merci à tous les artistes qui ont influencé les bâtiments les plus divers, comme Sting pour l'école METI (« I Was Brought to My Senses »), Sona Jobarteh pour le campus de Tatale (« Gambia »), ainsi que mes favoris pour le claystorming : Richard Bona, Anoushka Shankar, Pachelbel, Mozart et Tracy Chapman, dont la chanson « Talkin' Bout a Revolution » est généralement la première que je chante lorsque j'attrape ma guitare ! Merci !

De Dominique

Comme les précédents, cet ouvrage a été plusieurs fois relu et corrigé par Michelle Gauzin avec sa vivacité d'esprit habituelle. Merci maman de me soutenir affectueusement dans tous mes projets !

Merci à Jörg-Martin, mon port d'attache. Merci à Florence et Thibaut, nos merveilleux enfants, et à Giulia et Dieter, qui complètent si bien notre famille internationale. C'est votre avenir et celui de Livia qui motive mon engagement pour un monde plus équitable et plus écologique.

Pour leurs pertinentes remarques et leur enthousiasme encourageant, que soient aussi remerciés les amis qui ont relu le premier manuscrit en anglais ou sa traduction en français : Luc Weizmann, Luc Barré, Lara Briz, Nora von Mühlendahl, Carole Brooks et Marguerite-Marie Poirier. Merci aussi à François Brun pour son éclairage sur certains points techniques ainsi qu'à Stéphanie Quillon pour sa relecture très attentive du texte français et à Jean-Pascal Vachon pour sa précise vérification des épreuves.

Chère Anna, l'écriture de ce livre a fait grandir notre amitié déjà profonde. Tu es une femme extraordinaire. Merci pour tout ce que tu fais, mais surtout pour ce que tu es.

CRÉDITS PHOTOGRAPHIQUES

© ARGE Heringer & Rauch : pp. 94/95
© Iwan Baan : pp. 108/109
© Alizée Cugney : pp. 88/89
© Dipshikha : pp. 20/21
© Klara Fehsenmayr : pp. 144/145
© Laurenz Feinig : pp. 126/127, 128/129, 129
© Dominique Gauzin-Müller : p. 149
© GABRICAL. : pp. 113, 114, 114/115, 116/117
© Alexandra Grill : pp. 56/57, 58/59
© Alice Guilhou, Studio Anna Heringer : pp. 136/137
© Anna Heringer : pp. 22, 24, 24/25, 27, 30, 48, 50, 50/51, 80, 90/91, 92/93, 139
© Famille Heringer : pp. 15, 16/17, 18/19
© Kurt Hörbst : pp. 36/37, 39, 40/41, 46/47, 72/73, 74, 74/75
© Margarethe Holzer : p. 79
© B. K. S. Inan : pp. 54/55, 59
© Jenni Ji : pp. 83, 84/85
© Julien Lanoo : pp. 80/81
© Katharina Lehmann (Ananda Earth Atelier) : p. 4
© Fabio Marcato : pp. 38, 62/63, 65
© Stefano Mori : pp. 71, 96/97, 98/99, 99, 100
© Planungsgemeinschaft Heringer, Rauch, Nägele-Waibel Architekten, Salima Naji : p. 77
© Norbert Rau : pp. 120, 122/123
© Martin Rauch : p. 150
© Tommy Schaperkotter/Shaowen Zhang : p. 67
© Sophie Scheurer, Studio Anna Heringer : p. 14
© Pauline Sémon : p. 132
© Studio Anna Heringer : pp. 124/125

MENTIONS LÉGALES

Auteures
Anna Heringer, Dominique Gauzin-Müller

Éditeur d'acquisition : David Marold, Birkhäuser Verlag, Vienne, Autriche
Éditrice de contenu et de production : Bettina R. Algieri, Birkhäuser Verlag, Vienne, Autriche
Traduction de l'anglais : Dominique Gauzin-Müller, Stuttgart, Allemagne
Correction et relecture: Stéphanie Quillon, Jean-Pascal Vachon
Maquette, conception graphique et mise en page : Kathleen Bernsdorf, Berlin, Allemagne

Édition d'images : Pixelstorm Litho & Digital Imaging GmbH, Vienne, Autriche
Impression : Beltz Grafische Betriebe GmbH, Bad Langensalza, Allemagne
Papiers : Igepa Flora, Amber Graphic
Font : Cádiz Luzi Type Foundry, Swift Linotype

Library of Congress Control Number : 2024931290

Information bibliographique de la Deutsche Nationalbibliothek
La Deutsche Nationalbibliothek a répertorié cette publication dans la Deutsche Nationalbibliographie. Les données bibliographiques détaillées peuvent être consultées sur Internet à l'adresse http://dnb.dnb.de.

Les droits d'auteur de cet ouvrage sont protégés. Ces droits concernent la protection du texte, des illustrations et de la traduction. Ils impliquent aussi l'interdiction de réédition, de conférences, de reproduction d'illustrations et de tableaux, de radiodiffusion, de copie par microfilm ou tout autre moyen de reproduction, ainsi que l'interdiction de divulgation, même partielle, par procédé informatisé. La reproduction de la totalité ou d'extraits de cet ouvrage, même pour un usage isolé, est soumise aux dispositions de la loi fédérale sur le droit d'auteur. Elle est par principe payante. Toute contravention est soumise aux dispositions pénales de la législation sur le droit d'auteur.

ISBN 978-3-0356-2887-6
e-ISBN 978-3-0356-2888-3
ISBN édition imprimée en allemand 978-3-0356-2853-1
ISBN édition imprimée en anglais 978-3-0356-2854-8

MIX
Papier | Fördert gute Waldnutzung
FSC www.fsc.org FSC® C089473

© 2024 Birkhäuser Verlag GmbH, Bâle
Im Westfeld 8, 4055 Bâle, Suisse
Membre de Walter de Gruyter GmbH, Berlin/Boston

9 8 7 6 5 4 3 2 1 www.birkhauser.com

OBEL AWARD | Henrik Frode Obel Foundation

Ricola Foundation
Nature & Culture